重庆综合经济研究文库
分析宏观形势 · 预测区域发展 · 提供决策服务 · 建设一流智库

重庆房地产开发建设问题及政策研究

邓兰燕
李丹妮　等◎著
张　佳

中国经济出版社
CHINA ECONOMIC PUBLISHING HOUSE
北京

图书在版编目(CIP)数据

重庆房地产开发建设问题及政策研究/ 邓兰燕等著.
—北京:中国经济出版社,2018.7
ISBN 978-7-5136-5267-4

Ⅰ.①重… Ⅱ.①邓… Ⅲ.①房地产开发—研究—重庆
②房地产业—经济政策—研究—重庆 Ⅳ.①F299.277.9

中国版本图书馆 CIP 数据核字(2018)第 149336 号

责任编辑 姜 静
责任印制 马小宾
封面设计 华子图文

出版发行 中国经济出版社
印 刷 者 北京富泰印刷有限责任公司
经 销 者 各地新华书店
开 本 710mm×1000mm 1/16
印 张 9
字 数 112 千字
版 次 2018 年 7 月第 1 版
印 次 2018 年 7 月第 1 次
定 价 38.00 元
广告经营许可证 京西工商广字第 8179 号

中国经济出版社 **网址** www.economyph.com **社址** 北京市西城区百万庄北街 3 号 **邮编** 100037
本版图书如存在印装质量问题,请与本社发行中心联系调换(联系电话:010-68330607)

课题组成员

专家顾问

易小光　重庆市综合经济研究院院长、研究员

组长

邓兰燕　重庆市综合经济研究院科研管理处副处长、副研究员

副组长

李丹妮　重庆市综合经济研究院投融资研究所所长、助理研究员

技术负责人

张　佳　重庆市综合经济研究院投融资研究所助理研究员

成员

赵　伦　重庆市综合经济研究院社会发展研究所助理研究员

张　超　重庆市综合经济研究院投融资研究所助理研究员

施小兰　重庆市综合经济研究院投融资研究所助理研究员

前言

当前乃至未来一段时期，房地产业仍是国民经济的支柱产业，房地产开发建设对国民经济增长仍具有重要的支撑作用。党的十九大报告明确提出，要以实现全体人民住有所居为目标，加快住房制度改革和长效机制建设，加快建立多主体供应、多渠道保障、租购并举的住房制度。近年来，随着我国经济进入新常态，“一带一路”倡议、长江经济带战略、西部大开发战略深入推进，中国（重庆）自由贸易试验区、中新（重庆）战略性互联互通示范项目相继落地，供给侧结构性改革深入推进，对房地产开发建设的安全、质量、性能、健康、节能等提出了更高的要求，“互联网+地产”、康养地产、旅游地产新模式不断涌现，绿色节能、数字智慧、装配式建筑、成品化生产等房地产新业态加快发展，促进了房地产开发的标准化设计、工厂化生产、装配化施工、一体化装修、信息化管理及智能化应用。与此同时，融资、劳动力成本不断上升，倒逼房地产企业加快转变发展方式，对政府服务效能也提出了更高的要求。

2017年年初，国家提出实施差异化供地政策，并支持租赁住房、共有产权住房等公共住房建设；农业部也出台政策，明确将在2018年选择50个地市和个别省市，开展集体产权制度“整省整市”改革试点。重庆在强化土地供应调控、完善住房功能品种、提升建筑工艺标准、加强质量标准化管理、完善房地产行业监管等方面也进行了积极的探索。受益于主动性的政策调整，重庆房地产开发建设总体平稳有序，但也存在部分领域开发进度不合理、区域布局不均衡、风险监管不健全、政策导向不完善等问题。在新常态背景下，通过对比分析和经验借鉴，分析研究重庆房地产开发建设运行情况、存在问题和优化方向，探索下一阶段科学调控政策措施，对于促进全市房地产市场总供给与总需求、供给结构与需求结构的平衡与整体优化，实现房地产开发建设持续平稳运行，具有积极意义。

本书编写组

2018年5月

2.1.3　小镇的规划与建筑，需按照以下标准进行质量评估。

（1）城市规划。

小镇周边的规划；

小镇内建筑群的层级及维度；

小镇内建筑群的均匀度；

小镇内道路布局的多样性；

核心保护区风貌完整性、生活延续性；

小镇历史街巷（河道）规模。

（2）小镇内的建筑。

建筑的和谐性和均匀性；

建筑外围立墙与屋顶所用建材的和谐性和均匀性；

建筑与周边自然环境的和谐度；

建筑的文化、历史内涵；

历史环境要素；

空间格局特色功能；

传统建筑的保护与复原；

建筑门窗的和谐性和均匀性；

建筑外围立墙和屋顶颜色的搭配；

建筑装饰元素的和谐性及象征意义。

2.1.4　小镇的基础设施、开发、推广和发展方式，需按照以下标准进行质量评估。

（1）基础设施。

永久的或临时的交通流量控制措施；

生态环境保护与治理；

危机管理措施及应急预案；

机动车行驶管理与停车管理；

空中高架电缆、电线安置的美观性；

公共照明的设置方法；

目　录

市房地产开发建设政策借鉴

发建设相关政策/3

产开发建设相关政策/12

干发建设领域实施政策分析

干发建设总体情况

情况/64

现状/71

分析/73

干发建设存在的主要问题分析

推广应用不足，行业高质量发展转型

二、不平衡不充分矛盾仍较突出，开发建设协同水平亟待改进/82
三、产品功能提档升级缓慢，现代化大都市生活品质有待提升/83
四、风貌形塑颜值提升合力不强，智管细管众管体系有待完善/84
五、全产业链协同监管效能不高，“放管服”等改革推进缓慢/85

第五章　下一阶段重庆房地产开发建设面临的环境分析
一、行业发展趋势分析/89
二、市场需求环境分析/93

第六章　科学调控重庆房地产开发建设的思路
一、房地产开发建设思路和原则/99
二、房地产政策优化思路和原则/101

第七章　科学调控重庆房地产开发建设的重点任务
一、有效推进产品供给调控，满足市场多元化功能需求/105
二、引导转换方式提升品质，促进产业现代化升级发展/108
三、继续强化市场主体引导，提升行业全流程管理效能/110
四、着力健全长效协调机制，强化产业链统筹调控联动/116

花效果；
布局；
绿化效果；
置；
；
及翻新周期。

计及控制；
设施；

化技艺及展示体验服务；
。

心；
机构；
的编辑；
及信息公告栏。
。
、人文背景、文化价值梳理整合；
或原创性活动的方案及实施组织；
时的举办文化活动的场所及相应组织机构。

的候选小镇，入会具体流程如下。
向本协会提交书面申请，初审材料可由候选小镇自主

第八章 新时期重庆房地产开发建设政策优化建议

一、优化土地供给政策，推动实现差别化多元化土地供应/121

二、明确规划设计导向，着力促进建筑产业实现创新发展/122

三、强化建筑标准政策，促进建筑产业智能化绿色化发展/123

四、健全产品规划引导，助推产品产业加提速现转型升级/124

五、优化行业监管政策，促进行业监管效能扎实有效提升/126

第九章 重庆房地产开发建设保障措施

一、建立联席会议制度，形成联动管理机制/131

二、建立信用监管制度，营造行业良好生态/131

三、建立风险测评机制，强化行业风险管理/132

四、加大信息化基础设施建设/132

参考文献/133

第一章

全国及主要省市房地产开发建设政策借鉴

一、全国房地产开发建设相关政策

近年来，为深入推进房地产供给侧结构性改革，国务院及住建部围绕土地供应调控管理、住房多渠道保障、建筑工艺标准、质量标准化管理、房地产行业监管等领域出台了一系列政策文件，规范促进房地产开发市场健康发展。

1. 强化土地供应调控管理

（1）加强差别化土地供应管理

针对全国各地区不同的房地产市场库存及人口状况，住建部出台《关于加强近期住房及用地供应管理和调控有关工作的通知》（建房〔2017〕80号），从合理安排住宅用地供应、科学把握住房建设和上市节奏、加大住房保障力度和强化地方主体责任四个方面，要求各地区以“房子是用来住的，不是用来炒的”为基本定位，合理安排住宅用地供应，改善住房供求关系。要根据房价上涨压力及去库存进展情况强化住宅用地供应“五类”调控目标管理，适时调整住宅用地供应规模、结构和时序，并建立购地资金审查制度，灵活确定竞价方式，严防高价地扰乱市场预期。文件出台后，根据去库存进度的不同，一二线城市适度加快土地出让节奏，而库存压力较大的三四线城市则合理控制土地供应，对稳定房价起到了积极作用。

（2）健全多元化土地供应方式

在国有建设用地出让的基础上，国家积极探索推动农村集体建设用地入市，构建城乡统一的建设用地市场，并将集体建设用地与租赁住房相结合，着力提高土地集约利用水平。2015 年中共中央办公厅和国务院办公厅联合出台《关于农村土地征收、集体经营性建设用地入市、宅基地制度改革试点工作的意见》，正式在中央层面开启我国农村土地制度改革序幕，随后确定在北京大兴等 33 个县（市、区）开展改革试点，明确在符合规划、用途管制和依法取得的前提下，允许存量农村集体经营性建设用地使用权出让、租赁、入股，与国有建设用地使用权同等入市、同权同价。

2017 年出台《利用集体建设用地建设租赁住房试点方案》（国土资发〔2017〕100 号），确定北京、上海、沈阳、南京、杭州等 13 个城市为第一批利用集体建设用地建设租赁住房试点，要求试点城市着力构建城乡统一的建设用地市场，推进集体土地不动产登记，完善利用集体建设用地建设租赁住房规则，提高存量土地节约集约利用水平。

2. 完善住房多渠道保障

（1）支持发展住房租赁市场

为多渠道提供住房保障，近年来我国提出租购并举、持续深化发展住房租赁市场的意见措施。

2015 年，住建部出台《关于加快培育和发展住房租赁市场的指导意见》（建房〔2015〕4 号），提出采用建立住房租赁信息政府服务平台、培育经营住房租赁机构、支持房地产开发企业将其持有房源向社会出租、推进房地产投资信托基金试点、支持从租赁市场筹集公共租赁房源等方式，多渠道发展租赁市场。

2016年，国务院办公厅出台的《关于加快培育和发展住房租赁市场的若干意见》（国办发〔2016〕39号），提出要实行购租并举，培育和发展住房租赁市场，实现城镇居民住有所居，并提出培育市场供应主体、鼓励住房租赁消费、完善公共租赁住房、支持租赁住房建设、加大政策支持力度和加强住房租赁监管等意见，要支持符合条件的住房租赁企业发行债券、不动产证券化产品，稳步推进房地产投资信托基金（REITs）试点。

2017年，住建部出台《关于在人口净流入的大中城市加快发展住房租赁市场的通知》（建房〔2017〕153号），提出要加快推进租赁住房建设，培育和发展住房租赁市场，并从培育机构化规模化住房租赁企业、建设政府住房租赁交易服务平台、增加租赁住房有效供应、创新住房租赁管理和服务体制等方面进行了明确，同时要求加大对住房租赁企业的金融支持力度，积极支持并推动发展房地产投资信托基金（REITs）。

（2）鼓励发展功能性房地产

在消费升级趋势下，我国针对日益增长的养老、旅游消费需求，专门出台配套政策，重点从土地供应、财税优惠等方面支持养老地产、旅游地产发展。

2014年，国土资源部出台《养老服务设施用地指导意见》，指出养老服务设施用地土地用途为医卫慈善用地的，应纳入国有建设用地供应计划，建设用地使用权出让年限最高不超过50年；土地用途为营利性养老服务设施用地的，应以租赁、出让等有偿方式供应，原则上以租赁方式为主；民间资本举办的非营利性养老机构与政府举办的养老机构可以依法使用农民集体所有土地；等等。

2015年出台《关于鼓励民间资本参与养老服务业发展的实施意见》（民发〔2015〕33号），制定一系列财税优惠政策，鼓励社会力量举办规模化连锁化养老机构，支持民间资本对企业厂房、商业设施及其他社会资源进行整合改造、优化提升，鼓励社会资本参与老年公寓和居住区养老服务设施建设以及既有住宅适老化改造。2015年《关于支持旅游业发展用地政策的意见》（国土资规〔2015〕10号）指出，要积极保障旅游业发展用地供应，并针对乡村旅游、自驾车及房车营地旅游、邮轮及游艇旅游、文化及研学旅游等新业态实施差异化用地政策。

2016年《关于推进老年宜居环境建设的指导意见》（全国老龄办发〔2016〕73号）指出，要加快推进适老住宅建设，并针对开发老年公寓、老少同居的新社区和有适老功能的新型住宅给予政策扶持。

（3）推进共有产权住房试点

2017年住建部出台《关于支持北京市、上海市开展共有产权住房试点的意见》（建保〔2017〕210号），提出在北京、上海开展共有产权住房试点，主要由政府提供基本保障，通过建立完善的共有产权住房管理机制，解决住房困难家庭的基本住房问题。

3. 提升建筑工艺标准

（1）出台各类建筑技术及产品规范标准

近年来，住建部发布更新多项建筑技术及建筑材料使用的规范标准，着力提升建筑质量安全和现代化发展水平。在建筑材料方面，出台了《建筑外墙涂料通用技术要求》《建筑用发泡陶瓷保温板》等行业产品标准。

在建筑技术方面，出台了《多高层木结构建筑技术标准》《装配式木结构建筑技术标准》《装配式混凝土建筑技术标准》《装配式钢结构建筑技术标准》等国家标准以及《贯入法检测砌筑砂浆抗压强度技术规程》《装配式劲性柱混合梁框架结构技术规程》《聚苯模块保温墙体应用技术规程》等行业标准，规范建筑施工行业各项工程技术准则。

（2）推行建筑节能及绿色建筑发展

在绿色发展理念指引下，建筑行业对节能低碳环保发展的重视程度进一步提高，同时加快推广使用节能建筑、绿色建材。住建部出台《建筑节能与绿色建筑发展“十三五”规划》，提出要从规划、设计、建造扩展到运行管理，从节能绿色建筑扩展到装配式建筑、绿色建材，把节能及绿色发展理念延伸至建筑全领域、全过程及全产业链，力争在建筑整体及门窗等关键部位节能标准提升、高性能绿色建筑发展、既有建筑节能及舒适度改善、可再生能源建筑应用等重点领域实现突破；预计到2020年，城镇新建建筑能效水平比2015年提升20%，绿色建筑面积占新建建筑面积比重超过50%，绿色建材应用比重超过40%，城镇既有居住建筑中节能建筑比例超过60%。

（3）加强智能建筑推广发展

随着互联网技术深入经济社会各个领域，智能化建筑也得到高度重视和快速推广。为规范提升我国智能建筑工程设计质量，2015年住房和城乡建设部发布《智能建筑设计标准》国家标准，指出智能建筑工程设计应以建设绿色建筑为目标，做到功能适用、技术适时、安全高效、运营规范和经济合理，同时应增强建筑物的科技功能并提升智能化系统的技术功效，使其具有适用性、开放性、可维护性和可扩展性。

4. 加强质量标准化管理

（1）制定标准化设计规范

2011年住建部重新修订《住宅设计规范》国家标准，新规定要求住宅设计符合城镇规划及居住区规划，更加经济、合理、有效地利用土地和空间。使建筑与周围环境相协调，满足居住者所需的日照、天然采光、通风和隔声要求，为居住者创造方便、舒适、优美的生活环境，同时要根据需要满足老年人、残疾人等特殊群体的使用要求。

在节能方面，应推行标准化、模数化及多样化，积极采用新技术、新材料、新产品，推广工业化设计、建造技术和模数应用技术；满足建筑安全、实用和耐久，以及相关防火规范规定和安全疏散要求，确保建筑设备系统功能有效、运行安全、维修方便。进行相关设备安装时，要满足近期使用要求并兼顾今后改造的可能。

（2）积极推广装配式建筑

近年来，我国高度重视装配式建筑发展。国务院相继出台《关于大力发展装配式建筑的指导意见》（国办发〔2016〕71号）和《关于促进建筑业持续健康发展的意见》（国办发〔2017〕19号），提出要大力推进装配式建筑发展，推动建筑方式变革。

住建部出台了《“十三五”装配式建筑行动方案》《装配式建筑示范城市管理办法》《装配式建筑产业基地管理办法》等文件，进一步明确和细化了装配式建筑发展落实方案，目前已确定北京、上海等30个装配式建筑示范城市和195个产业基地作为第一批试点推行。

《“十三五”装配式建筑行动方案》提出，“十三五”期间要建立健全装配式建筑发展的政策、规划、标准、技术、产品和监管体系，发展一批装配式建筑设计、施工、部品部件规模化生产企业和工程总承包企业，建立装配式建筑专业化队伍，全面提升装配式建筑质量、品质和效益；预计到2020年，全国装配式建筑占新建建筑比例达到15%以上，在全国50个以上城市开展装配式建筑示范，建立200个以上装配式建筑产业基地、500个以上装配式建筑示范工程，打造30个以上装配式建筑科技创新基地。

（3）加强住宅装修规范管理

2008年住建部出台《关于进一步加强住宅装饰装修管理的通知》（建质〔2008〕133号），引导各地区加强住宅装修规范管理，要求各地制定出台相关扶持政策，引导和鼓励新建商品住宅一次装修到位或采用菜单式装修模式，分步实施，逐步达到取消毛坯房、直接向消费者提供全装修成品房的目标。

5. 加强房地产行业监管

（1）加强建筑企业资质管理

围绕“放管服”改革，住建部相继出台《建筑业企业资质管理规定和资质标准实施意见》（建市〔2015〕20号）、《关于取消建筑智能化等4个工程设计与施工资质有关事项的通知》（建市〔2015〕102号）等文件，在建筑企业资质管理方面着力简化清理行政审批事项，弱化资质考核指标要求，优化建筑业企业资质申请和许可程序流程。

2017年，国务院在《关于促进建筑业持续健康发展的意见》（国办发〔2017〕19号）中提出，要深化建筑业简政放权改革，进一步减少工程建设企业资质类别以及等级设置，减少不必要的资质认定。随后住建部也出台《关于开展建筑业企业资质告知承诺审批试点的通知》（建办市函〔2017〕773号），提出在北京、上海、浙江3省（市）开展建筑业企业资质告知承诺审批试点，深化建筑业简政放权制度改革，提高建设工程企业资质审批效率。

（2）加强房地产开发企业管理

2015年住建部重新修订《房地产开发企业资质管理规定》，对房地产开发企业4个资质等级要求进行了修改完善，取消了注册资本金的考核要求等。2016年《关于进一步规范房地产开发企业经营行为维护房地产市场秩序的通知》（建房〔2016〕223号）提出，要依法查处房地产开发企业不正当经营行为，积极引导企业规范经营。

（3）加强中介机构监管

1）工程监理行业

住建部出台《关于促进工程监理行业转型升级创新发展的意见》（建市〔2017〕145号），提出要促进工程监理服务多元化水平的提升，支持监理企业创新服务模式，提供项目咨询、招标代理、造价咨询、项目管理、现场监督等多元化的“菜单式”咨询服务，并通过建立企业资质和人员资格电子化审查及动态核查制度等，强化监理行业监管。

2）建筑工程设计事务所

住建部出台《关于促进建筑工程设计事务所发展有关事项的通知》（建市〔2016〕261号），提出要简化建筑工程设计事务所资质标准指标，减少建筑师等注册人员数量，放宽注册人员年龄限制，并通过完善相关配套政策、建立健全工程设计责任保险制度等，促进建筑工程设计事务所健康发展。

（4）加强房地产开发流程监管

围绕放管服改革，近年来国务院着力清理规范工程建设领域保证金，目前除保留依法依规设立的农民工工资、投标、履约、工程质量

4 项保证金外，其余保证金项目全部取消；同时，围绕用地审批管理、施工许可、竣工验收等主要环节积极引导地方优化简化审批事项和流程，切实降低企业制度性成本。

2017 年国务院《关于促进建筑业持续健康发展的意见》（国办发〔2017〕19 号）提出，要全面加强工程质量安全管理；随后住建部相继出台《关于开展工程质量管理标准化工作的通知》（建质〔2017〕242 号）、《工程质量安全提升行动方案》（建质〔2017〕57 号）等文件，提出加强房地产开发建设质量，推动房地产开发管理流程标准化。

《关于开展工程质量管理标准化工作的通知》提出，要建立健全施工企业日常质量管理、施工项目质量管理、工程实体质量控制、工序质量过程控制等制度、标准和规程，推动建立工程质量管理长效机制，实现工程质量控制的程序化。

《工程质量安全提升行动方案》提出，要从主体责任、项目管理、信息化监管、全过程质量安全监管等方面入手，完善工程质量安全管理制度，提高工程项目质量安全管理水平。严格执行五方主体项目负责人质量安全责任规定，强化个人执业管理和责任追究，严格落实工程质量终身责任制度，大力推行工程质量安全数字化监管，建设质量安全诚信体系，健全信用评价和惩戒机制，发展工程质量保险等，加强工程建设全过程质量监管。

2017 年，住建部出台《关于印发建设工程质量保证金管理办法的通知》（建质〔2017〕138 号），对工程在缺陷责任期内的维修责任进行了规范落实。提出发包人应按照合同约定方式预留保证金，预留比例不得高于工程价款结算总额的 3%；发承包双方可以约定实行保证金的第三方金融机构托管；承包人也可用银行保函替代预留保证金，比例同预留保证金比例一致。

（5）加强信用体系建设

我国高度重视房地产开发市场信用体系建设，2014 年住建部出台《建筑市场信用管理暂行办法》，提出各省市要积极开展建筑市场信用体系建设，制定和完善建筑市场信用管理制度，构建建筑市场监管一体化工作平台，对建筑市场各方主体信用信息认定、采集、公开、评价和使用进行监督管理，并向全国建筑市场监管公共服务平台推送相关信用信息。

二、主要省市房地产开发建设相关政策

1. 北京（见表 1－1）

（1）强化土地供应调控管理

1）推动建设用地供应减量增效

为推进全市土地资源整合利用、深化土地供给侧结构性改革、提升优化首都核心功能、形成城乡一体化发展新格局，北京市规划国土委编制《北京市“十三五”时期土地资源整合利用规划》（京政发〔2016〕41 号），确定全市 2020 年建设用地总规模指标为 3720 平方公里，比《土地利用总体规划（2006—2020 年）》中的规划目标减少 97 平方公里；城乡建设用地规模控制在 2800 平方公里以内，比 2014 年末现状城乡建设用地规模减少 103 平方公里。

同时，结合全市疏解非首都功能工作，着力腾退高消耗产业等四类非首都功能用地，并结合《北京市“十三五”时期城乡一体化发展规划》《北京市城乡结合部建设三年行动计划（2015—2017 年）》，明确以集体建设用地特别是宅基地和集体产业用地减量为重点，推进城

乡接合部地区、绿化隔离地区建设用地减量。北京市未来将以“节约减量、集约增效”为主线，大力推进节约集约用地，实现用地减量发展。

2）优化住宅用地供应

为加强住房保障和房地产市场调控，坚持以“房子是用来住的，不是用来炒的”为基本定位，努力建设国际一流的和谐宜居之都，北京市发布《北京市 2017—2021 年及 2017 年度住宅用地供应计划》和《北京市 2017 年度国有建设用地供应计划》，明确未来 5 年内将建立购租并举的住房制度，优化住宅供应结构，供应总量为 150 万套，仅 2017 年供应方案就比原计划翻倍。

同时，实施区域差异化土地供给政策，明确中心城区、中心城区以外的平原地区以及生态涵养区土地供应量分别不超过全市总供应量的 20%、65% 和 15%。合理加大土地供应、逐步优化住宅供应结构将是北京未来住宅土地市场最大的主题。

3）健全多元化土地供应方式

为努力走出一条城乡一体、内涵集约的发展新路，加强土地多元化供应，提升首都城市规划建设管理水平，北京市委、市政府出台《关于全面深化改革提升城市规划建设管理水平的意见》，明确深入推进集体建设用地集约开发利用，以乡镇为单位推进土地开发，统筹使用零星建设用地指标。鼓励村集体组织以自主开发、联营联建等方式，对农村闲置用地进行集约改造利用。稳步推进利用农村闲置房屋发展健康养老、乡村旅游等试点。建立土地多元化供应制度、提高土地利用效率将成为北京推动房地产市场健康平稳发展的重要手段。

（2）完善住房多渠道保障

1）发展住房租赁市场

推动建立租购并举的住房供应体系，优化住房供应结构，多渠道保障住房供应。《中共北京市委北京市人民政府关于全面深化改革提升城市规划建设管理水平的意见》提出，要大力培育住房租赁市场，围绕重点功能区及其周边合理布局一批租赁住房，支持住房租赁连锁经营机构发展，引导房地产开发企业向社会出租其持有房源。

加大政策性住房保障，推进公共租赁住房货币化，通过向符合条件家庭发放货币补贴等方式，鼓励保障家庭承租市场房源解决住房困难；优化政策性住房布局，轨道交通沿线、站点周边及上盖开发原则上要优先满足政策性住房用地需求，鼓励国有企业利用自有用地开发自住型商品住房和公共租赁住房，力争到 2020 年再筹集政策性住房 20 万套。

未来，北京将逐步完善购租并举的住房体系，多渠道增加租赁住房供应，培育机构化、规模化住房租赁企业，引导居民形成先租后买的梯次消费模式，促进房地产市场平稳健康发展。

2）推进共有产权住房建设

为深化住房供给侧结构性改革，完善住房供应体系，满足基本住房需求，根据住建部等六部委《关于试点城市发展共有产权性质政策性商品住房的指导意见》（建保〔2014〕174 号），北京市住建委联合发改委、规划国土委等部门出台《北京市共有产权住房管理暂行办法》，通过加快房源供应、提升建设品质、公平合理分配等方式推动共有产权住房建设，进一步稳定社会预期。

北京提出各区要根据共有产权住房需求等情况合理安排共有产权

住房用地，满足符合条件的本区居民家庭及重点人才居住需求，其中对非本市户籍在该区工作家庭住房房源供应不少于30%；坚决抑制投资投机性购房需求，促进住房回归居住属性，有效促进房地产市场平稳健康运行。

（3）提升建筑工艺标准

1）出台各类建筑技术及行业规范标准。

为提升建筑设计和工艺水平，近年来北京市住建委相继出台《北京市公共租赁住房建设技术导则》（2010年）、《北京市廉租房、经济适用房及两限房建设技术导则》（2015年）、《北京市共有产权住房规划设计宜居建设导则（试行）》（京建法〔2017〕20号）等保障房建筑设计标准，引导保障用房规范化建设。同时，出台了《装配式剪力墙住宅建筑设计规程》（2013年）、《装配式混凝土结构工程施工与质量验收规程》（2013年）等行业技术标准，推动装配式建筑规范发展。

此外，北京市住建委还出台了《北京市推广、限制和禁止使用建筑材料目录》，每4年修订一次，发布本市推广、限制、禁止使用的建筑材料、设备、技术、工艺目录，规范建筑施工行业各项工程技术标准。

2）推动绿色环保节能建筑发展。

为加快疏解非首都功能、治理首都“大城市病”、有效遏制全市建筑能耗总量和占比的快速增长，北京市住建委和发改委联合制定《北京市“十三五”时期民用建筑节能发展规划》（京建发〔2016〕386号），提出“十三五”时期超低能耗建筑不低于30万平方米，城镇民用建筑“绿色”比例要超过25%，农民住宅抗震加固要与节能改造并重。

此外，北京发布《中共北京市委北京市人民政府关于全面深化改革提升城市规划建设管理水平的意见》，要求启动实施居住建筑80%

节能设计标准，政府投资的新建公益性建筑和大型公共建筑要全面执行绿色建筑二星级及以上标准，到2020年本市建筑节能水平要达到国际同纬度地区的先进水平。同时，出台《北京市公共建筑节能绿色化改造项目及奖励资金管理暂行办法》《北京市超低能耗建筑示范工程项目及奖励资金管理暂行办法》等奖励办法，加大对节能环保建筑的资金奖励力度，支持绿色节能建筑发展。

（4）加强质量标准化管理

1）加强标准化设计管理

为完善装配式建筑技术标准体系，《关于加快发展装配式建筑的实施意见》（京政办发〔2017〕8号）提出，要完善适应装配式建筑设计、生产、施工、检测、验收、维护等标准体系，编制装配式建筑的相关图集、工法、手册、指南。严格执行国家、行业装配式建筑标准，加快制定北京地方标准和企业标准，推动关键技术和研究成果转化为行业标准规范。完善装配式标准体系，构建建筑防火抗震防灾的安全防护标准，制定一体化装配式装修技术标准，建立健全装配式建筑工程计价依据、评价体系。

2）推动装配式建筑发展

为深入贯彻落实《关于大力发展装配式建筑的指导意见》（国办发〔2016〕71号），北京出台了《关于全面深化改革提升城市规划建设管理水平的意见》，要求保障性住房和政府投资的民用建筑全部采用装配式建设，提高商品房开发项目装配式建造比例，大力推动钢结构建筑发展，要求到2020年实现装配式建筑占新建建筑的比例达到30%以上。

《关于加快发展装配式建筑的实施意见》（京政办发〔2017〕8

号）要求，保障性住房和政府投资的新建建筑全部采用装配式建筑，在招拍挂环节设置装配式建筑相关要求，规定新建公共建筑原则上采用钢结构建筑，2018 年实现装配式建筑占比达到 20% 以上，2020 年达到 30% 以上。为支持装配式建筑发展，加大非政府投资项目装配式建筑的财税支持，对自愿采用装配式建筑的给予实施项目不超过 3% 的面积奖励，对于预制率达到 50% 以上、装配率达到 70% 以上项目予以财政奖励，鼓励金融机构加大对装配式建筑项目的信贷支持力度。

同时，北京配套制定了《北京市发展装配式建筑 2017 年工作计划》，全面推动装配式建筑发展。

3）鼓励一体化装修

为保障装配式建筑建设装修质量，推进装配式建筑全装修，《关于加快发展装配式建筑的实施意见》（京政办发〔2017〕8 号）提出，推动装配式建筑装饰装修与主体结构、机电设备同步施工，大力推广标准化、集成化、模块化的装修模式，加快整体厨卫、同层排水、轻质隔墙板等材料、产品和设备管线集成化技术运用，提高建筑装配化装修水平。要求北京保障性住房项目全部实施全装修成品交房，支持其他采用装配式建筑的住宅项目实施全装修成品交房。同时，鼓励发展菜单式全装修，满足消费者个性化需求。

（5）加强房地产行业监管

1）加强建筑企业资质管理

为规范建筑业企业资质管理，北京市住建委出台《关于做好建筑业企业资质管理工作有关意见的通知》（京建法〔2015〕7 号），对建筑企业资质申请和受理、审查与许可等做出明确规定，并围绕“放管服”改革，着力简化建筑企业在资质管理方面的行政审批事项，优化建筑业企业资质申请和许可程序流程。

2）加强信用体系建设

为进一步适应建筑市场发展变化，结合建筑施工总承包企业市场行为信用评价运行情况，北京市住建委发布《北京市建筑施工总承包企业市场行为信用评价标准（2017年版）》和《北京市建筑施工总承包企业中注册建造师市场行为信用评价标准（2017年版）》，进一步规范建筑企业市场行为。《关于进一步规范房地产开发项目工程保证担保的办法》提出，同一保证人不得为同一工程建设合同提供业主工程款支付担保和承包人履约担保，进一步强化信用担保风险防控。

同时，2017年北京出台《关于推行以银行保函方式缴纳工程质量保证金的通知》，重点推行以银行保函方式缴纳保证金，并规定质量保证金金额不得高于工程价款结算总额的3%，合同到期后，银行保函自动失效。

表1-1　北京市房地产开发建设相关政策

措施分类	序号	北京政策
强化土地供应调控管理	1	土地节约集约利用水平显著提升。到2020年，北京市建设用地总规模控制在3720平方公里以内，比现行土地利用总体规划确定的目标减少97平方公里；北京市城乡建设用地规模控制在2800平方公里以内，比2014年末现状城乡建设用地规模减少103平方公里；北京市土地开发强度控制在22.7%以内，平原地区土地开发强度控制在45%以内①
	2	坚决退出一般性产业特别是高消耗产业，引导退出区域性物流基地、区域性专业市场等部分第三产业，推动部分教育、医疗、培训机构等社会公共服务功能疏解，有序推动北京市属行政事业单位向北京城市副中心转移。重点推动城六区特别是东城区、西城区制造业生产环节有序退出和转移疏解②

① 《北京市“十三五”时期土地资源整合利用规划》。

② 《中共北京市委关于制定北京市国民经济和社会发展第十三个五年规划的建议》。

续表

措施分类	序号	北京政策
强化土地供应调控管理	3	深入推进集体建设用地集约利用。总结大兴区西红门镇集体经营性建设用地入市试点经验，完善可复制、可推广的政策措施，积极争取扩大试点范围。坚持以乡镇为基本单元的区域统筹土地开发模式，将零星建设用地指标归集使用。鼓励集体经济组织以自主开发、联营联建等方式，对农村低效用地进行集约利用和腾退改造。推进农村宅基地管理制度创新和村庄整理，探索农民依法自愿有偿退出宅基地的实现路径。稳步推进利用农村闲置房屋发展健康养老、乡村旅游等试点，在农村集体建设用地减量方面不断探索新路径、取得新进展①
	4	实施区域差异化土地供给政策，严格落实“中心城区、中心城区以外的平原地区、生态涵养区”的区域功能定位，中心城区土地供应量不超过全市总供应量的20%，中心城区以外的平原地区土地供应量不低于全市总供应量的65%，生态涵养区土地供应量不高于全市总供应量的15%。其中，城市副中心、新城、“三城一区”等范围土地供应量占土地供应总量的70%以上
完善住房多渠道保障	1	未来5年加快供地，新建住房中产权类约占70%，其中自住型商品住房、中小套型商品住房约占商品住房的70%，并安排30%的自主型商品住房面向非北京籍家庭销售。研究扩大租赁住房赋权，进一步扩大向非京籍家庭提供公共租赁住房
	2	构建购租并举的住房供应体系。在“购”方面，要继续做大二手房交易市场，优化新增住房供应结构，在轨道交通沿线站点周边，土地开发原则上要优先满足政策性住房需求。在“租”方面，大力培育住房租赁市场，围绕重点功能区合理布局一批租赁住房，引导房地产开发企业向社会公开出租其持有房源
	3	优化住房供应结构。大力培育住房租赁市场，在重点功能区及其周边合理布局一批租赁住房，支持住房租赁连锁经营机构发展，引导房地产开发企业向社会出租其持有房源。大力促进二手房市场发展，规范交易环节，简化手续办理，逐步增加存量住宅市场交易比重。优化新增住房供应，细化公共租赁住房、自住型商品住房、商品住房的供应政策与结构，实现基本住房有保障、中端需求有支持、高端市场有调控的目标②
	4	加大政策性住房保障。推进公共租赁住房货币化，通过向符合条件家庭发放货币补贴等方式，鼓励保障家庭承租市场房源解决住房困难。优化政策性住房布局，轨道交通沿线、站点周边及上盖开发原则上要优先满足政策性住房用地需求，鼓励国有企业利用自有用地开发自住型商品住房和公共租赁住房③

①②③《中共北京市委北京市人民政府关于全面深化改革提升城市规划建设管理水平的意见》。

续表

措施分类	序号	北京政策
提升建筑工艺标准	1	每4年修订一次《北京市推广、限制和禁止使用建筑材料目录》，发布本市推广、限制、禁止使用的建筑材料、设备、技术、工艺目录，规范建筑施工行业各项工程技术标准
	2	启动实施居住建筑80%节能设计标准，新建政府投资公益性建筑和大型公共建筑全面执行绿色建筑二星级及以上标准
加强质量标准化管理	1	依托互联网技术，建立涵盖本市装配式建筑项目建设管理全过程的大数据平台，实现发展改革、规划国土、住房城乡建设等部门以及相关企业的数据共享，实现工程质量可查询、可追溯①
	2	保障性住房和政府投资的民用建筑全部采用装配式建造方式，不断提高商品房开发项目装配式建造比例，积极发展钢结构建筑，推行结构装修一体化成品交房，到2020年实现装配式建筑占新建建筑的比例达到30%以上②
	3	对于未在实施范围内的非政府投资项目，凡自愿采用装配式建筑并符合实施标准的，给予实施项目不超过3%的面积奖励；对于实施范围内的预制率达到50%以上、装配率达到70%以上的非政府投资项目予以财政奖励。对于未在实施范围内的非政府投资项目，凡自愿采用装配式建筑并符合实施标准的，按增量成本给予一定比例的财政奖励；对于符合新型墙体材料目录的部品部件生产企业，可按规定享受增值税即征即退优惠政策；符合高新技术企业条件的装配式建筑部品部件生产企业，经认定后可依法享受相关税收优惠政策③
	4	实行装配式建筑装饰装修与主体结构、机电设备协同施工。积极推广标准化、集成化、模块化的装修模式，推广整体厨卫、同层排水、轻质隔墙板等材料、产品和设备管线集成化技术，加快智能产品和智慧家居的应用，提高装配化装修水平。倡导菜单式全装修，满足消费者个性化需求④
	5	完善适应装配式建筑的设计、生产、施工、检测、验收、维护等标准体系，编制相关图集、工法、手册、指南。严格执行国家和行业装配式建筑相关标准，加快制定本市地方标准，支持制定企业标准，促进关键技术和成套技术研究成果转化为标准规范⑤
加强房地产行业监管	1	推行以银行保函方式缴纳保证金，并规定质量保证金金额不得高于工程价款结算总额的3%；合同到期后，银行保函自动失效；工程竣工验收后承包人以银行保函方式缴纳工程质量保证金的，发包人不得再另行预留工程质量保证金等

①③④⑤ 《北京市人民政府办公厅关于加快发展装配式建筑的实施意见》。

② 《中共北京市委北京市人民政府关于全面深化改革提升城市规划建设管理水平的意见》。

2. 上海（见表1-2）

（1）强化土地供应调控管理

1）优化住房土地供应结构

随着城市快速发展，上海可供开发建设土地趋紧，目前住宅用地逐年减少，且此趋势未来将长期持续、难以扭转。为解决房地产市场存在的结构性问题，上海出台《关于进一步优化本市土地和住房供应结构的实施意见》（沪府办〔2013〕52号），将进一步加大商品住房用地的中小套型住房供应比例，中心城区不低于70%，郊区不低于60%；轨道交通站周边区域商品住房用地的中小套型住房供应比例提高到80%以上；保障型住房的中小套型供应比例中心城区为100%，郊区不低于80%。同时，该意见还明确，多层、小高层和高层建筑的中小套型，建筑面积标准分别定为90平方米、95平方米和100平方米。

2）健全多元化土地供应方式

目前，上海建设用地规模已接近极限，土地供需矛盾突出。为切实解决建设用地布局分散、结构不合理、用地效率不高等问题，上海发布《关于开展农村集体建设用地流转试点工作的若干意见》（沪府发〔2014〕70号），明确符合土地利用总体规划和城乡规划、依法取得的农村集体建设用地使用权，原则上可以进行市场流转。

上海还将在符合规划和用途管制的前提下，推动建立城乡统一的建设用地市场，开展出让、租赁、入股等多种形式的农村集体经营性建设用地流转探索试点，形成国家、集体经济组织、农民三者兼顾的土地增值收益分配机制和公共利益平衡制度，健全和完善多元化土地供应机制。

（2）完善住房多渠道保障

1）发展住房租赁市场

为深入贯彻《国务院办公厅关于加快培育和发展住房租赁市场的若干意见》（国办发〔2016〕39号）等国家文件精神，落实上海住房发展“十三五”规划，上海出台《关于加快培育和发展本市住房租赁市场的实施意见》（沪府办〔2017〕49号），明确将加快培育和发展住房租赁市场，健全完善住房租赁制度，加大对租赁权益的保护力度，通过发挥企业主体作用和市场化运作，大幅增加租赁住房建设供应，满足多层次的住房租赁需求。到2020年，上海基本形成多主体参与、多品种供应、规范化管理的住房租赁市场体系。

2）推进共有产权住房建设

为规范共有产权保障住房管理，改善城镇中低收入住房困难家庭居住条件，2016年上海发布《上海市共有产权保障住房管理办法》（沪府令39号），明确推进共有产权保障住房管理的职责分工，将共有产权保障住房建设用地纳入本市土地利用年度计划进行管理，并予以优先供应。明确共有产权保障住房采用单独选址、集中建设和在商品住宅建设项目中配建的方式进行开发建设，建设用地供应采取行政划拨方式，并给予免收建设中的行政事业性收费与城市基础设施配套费等政府性基金优惠政策。对购买共有产权保障住房的，购房人可以按照规定申请住房公积金、商业银行资金等购房贷款，并可以按照国家规定，享受税收优惠政策。对单独选址、集中建设的共有产权保障住房项目，取得的行政划拨土地使用权可以用于贷款抵押。截至2016年底，上海已供应共有产权保障住房8.9万套。

（3）提升建筑工艺标准

1）出台各类建筑技术及行业规范标准

为规范行业发展，2014 年，上海住建委批准实施新版《住宅设计标准》，放宽了住宅朝向与间距等限制，要求新增多层住宅建筑设置电梯，并对全装修房室内污染物限值进行强制性规定。同年，《住宅建筑绿色设计标准》（沪建管〔2014〕536 号）出台，在居住用地总体规划的建筑容量控制指标和建筑间距、建筑物退让、建筑高度和景观控制、建筑基地的绿地和停车等主要技术经济指标方面做出相关要求。

近年来，上海市城乡建设和管理委员会相继出台《民用建筑外保温材料防火技术规程》《全装修住宅室内装修设计标准》《预制混凝土夹心保温外墙板应用技术规程》等行业技术标准，规范开发建设企业的各项工程技术标准，推动建筑工艺提档升级。

2）推动绿色节能建筑发展

为推动建筑绿色化、节能化可持续发展，上海市住建委出台《居住建筑节能设计标准》《可再生能源建筑应用测试评价标准》《公共建筑节能设计标准》《上海市保障性住房建筑节能设计指导意见》等系列指导意见，为绿色节能建筑评价提供相关标准，并出台专项扶持办法，推动建筑项目向绿色化发展。《关于本市进一步推进装配式建筑发展若干意见》（沪府办〔2013〕52 号）提出，加大对装配式建筑的财税支持，对采用装配式建筑的商品房项目给予多重政策优惠和补贴。

2016 年，上海市住建委、市发改委、市财政局联合出台《上海市建筑节能和绿色建筑示范项目专项扶持办法》（沪建材联〔2016〕432 号），将对绿色建筑、装配整体式建筑、既有建筑节能改造、可再生能源建筑一体化、立体绿化、绿色生态城区等示范项目加大地方财政政策支持。

（4）加强质量标准化管理

1）加强标准化设计

为推动完善装配式建筑标准体系，《关于本市进一步推进装配式建筑发展若干意见》（沪府办〔2013〕52 号）提出，建设等部门要完善装配式建筑标准体系，加快装配式公共建筑技术标准的研究、编制，完成装配整体式住宅相关技术标准修订并向社会颁布，满足建筑工程设计、施工、验收的需要。

2）推动装配式建筑发展

为切实转变城市建设模式和建筑业发展方式，促进资源节约型、环境友好型城市建设，2010 年上海出台《上海住宅产业现代化试点工作计划》，以推动住宅产业化发展，“万科新里程”成为国内首个装配式建筑项目。

2013 年，上海市出台《关于本市进一步推进装配式建筑发展若干意见》（沪府办〔2013〕52 号），明确提出大力推动设计、施工、构配件生产等相关企业转型发展，鼓励混凝土预制构件生产企业提升预制装配式构件、部件的生产能力和水平；在土地出让环节落实装配式建筑和预制率要求，按照“不同区域分类推进”的原则，通过行政监管、市场激励等手段，推进装配式建筑建设发展。

2016 年，上海住建委发布《上海市装配式建筑 2016—2020 年发展规划》（沪建材联〔2016〕740 号），提出在“十三五”期间，全市装配式建筑的单体预制率达到 40% 以上或装配率达到 60% 以上；到 2020 年，装配式建筑要成为上海地区主要建设模式之一。

（5）加强房地产行业监管

1）加强建筑企业管理

围绕“放管服”改革，上海市住建委出台《上海市建筑行业行政审批制度改革总体方案》（征求意见稿），提出按照“宽审批、严监管和强服务”的总体思路，以需求为导向，全面推进本市建筑行业“放管服”改革和电子政务平台建设，打造“审批事项最少、办事效率最高、投资环境最优”的建筑行业审批体系；提出承诺办理时间比法定办理时间缩短 1/2 的行政服务优化方向，探索取消部分企业安全许可证、建设单位直接发包合同登记手续等一批行政审批事项。

上海市住建委出台《关于加强本市工程建设企业应用标准备案管理的通知》（沪建管〔2015〕287 号），推行企业应用材料备案制，促进新材料、新工艺、新技术、新设备在本市建设工程中的应用。

2）强化信息化管理

为进一步规范建筑市场秩序，建立健全建筑业企业（施工企业）信用评价体系，营造诚信守法的市场环境，上海市出台《上海市建筑市场管理条例》《上海市建筑市场信用信息管理暂行办法》《上海市在沪建筑业企业信用评价管理暂行办法》等建筑企业信用管理办法，建设市场管理信息平台信用信息系统，并实现与上海市法人信息库、上海市公共信用信息服务平台等相关信息平台信息数据的交换和共享，从而实现跨部门联合征信。

表1-2 上海市房地产开发建设相关政策

措施分类	序号	上海政策
强化土地供应调控管理	1	进一步加大商品住房用地的中小套型住房供应比例，中心城区不低于70%，郊区不低于60%；轨道交通站周边区域商品住房用地的中小套型住房供应比例提高到80%以上；保障型住房的中小套型供应比例中心城区为100%，郊区不低于80%
	2	凡符合土地利用总体规划和城乡规划、依法取得的农村集体建设用地使用权，原则上均可流转①
	3	探索完善出让、租赁、入股等多种形式的农村集体经营性建设用地流转试点，形成兼顾国家、集体经济组织、农民的土地增值收益分配机制和公共利益平衡制度，逐步建立城乡统一的建设用地市场②
完善住房多渠道保障	1	加快培育和发展住房租赁市场。健全住房租赁制度，加大租赁权益保护力度。坚持以企业为主体和市场化运作，加快推进供给侧结构性改革，大幅增加租赁住房建设供应，满足多层次的住房租赁需求③
	2	将共有产权保障住房建设用地纳入本市土地利用年度计划管理，并予以优先供应。提出共有产权保障住房采用单独选址、集中建设和在商品住宅建设项目中配建的方式进行开发建设，建设用地供应采取行政划拨方式，并给予免收建设中的行政事业性收费与城市基础设施配套费等政府性基金优惠政策
	3	对单独选址、集中建设的共有产权保障房建设项目，通过行政划拨取得土地使用权的可以用于贷款抵押；可以得到住房公积金贷款、金融机构政策性融资支持及贷款利率优惠等金融政策支持
提升建筑工艺标准	1	对居住用地总体规划的建筑容量控制指标和建筑间距、建筑物退让距离、建筑高度和景观控制、建筑基地的绿地和停车场等主要技术经济指标提出相关要求
	2	鼓励建设、设计、施工单位通过优化方案，采用新材料、新工艺、新技术、新设备、预制装配等手段，不断提高围护结构自保温技术，凡符合本市建筑节能项目专项扶持办法的，可申请建筑节能专项扶持资金④

①② 《关于开展农村集体建设用地流转试点工作的若干意见》。

③ 《关于加快培育和发展本市住房租赁市场的实施意见》。

④ 《上海市保障性住房建筑节能设计指导意见》。

续表

措施分类	序号	上海政策
加强质量标准化管理	1	市建设交通部门应不断完善装配式建筑标准体系，及时完成装配整体式住宅相关技术标准的新编、修订，加快装配式公共建筑技术标准的研究、编制，适时颁布相关标准，以满足工程设计、施工、验收的需要
	2	大力推动设计、施工、构配件生产等相关企业转型发展，鼓励混凝土预制构件生产企业提升预制装配式构件、部件的生产能力和水平
	3	提出在土地出让环节即落实装配式建筑和预制率要求，按照“不同区域分类推进”的原则，推进装配式建筑建设
	4	“十三五”期间，全市装配式建筑的单体预制率达到40%以上或装配率达到60%以上。外环线以内采用装配式建筑的新建商品住宅、公租房和廉租房项目100%采用全装修①
加强房地产行业监管	1	打造“审批事项最少、办事效率最高、投资环境最优”的建筑行业审批体系，提出承诺办理时间比法定办理时间缩短1/2的行政服务优化方向，探索取消部分企业安全许可证、建设单位直接发包合同登记手续等一批行政审批事项
	2	建设市场管理信息平台信用信息系统，并实现与上海市法人信息库、上海市公共信用信息服务平台等相关信息平台信息数据的交换和共享，从而实现跨部门联合征信

3. 广东（见表1－3）

（1）强化土地供应调控管理

1）实行差异化土地供应

为深入推进节约集约用地示范省建设，维护公平公正的土地市场秩序，促进土地市场平稳健康运行，广东省国土资源厅出台《关于进一步规范土地出让管理工作的通知》（粤国土资规字〔2017〕2号）。对宗地出让主体、出让形式、出让年限、出让面积和规划条件、竞买保证金、土地现状条件、开发建设期限等公告要素严格把关，要求住宅用地宗地出让面积不得超过下列标准：小城市和建制镇7公顷，中

① 《上海市装配式建筑2016—2020年发展规划》。

等城市 14 公顷，大城市及大城市以上 20 公顷，逐步推动住宅用地规范化、差异化供应。

2）推动集体用地入市

为规范集体建设用地使用权流转，切实维护农民集体土地所有权权益，广东省政府相继出台《关于试行农村集体建设用地使用权流转的通知》（粤府〔2003〕51 号）、《广东省集体建设用地使用权流转管理办法》（省政府令第 100 号令）（2005 年）等文件，对集体建设用地使用权的流转范围、用途限制、流转程序和流转后的收益及法律责任等问题作出规定，明确广东各类集体建设用地可以直接进入市场自由出让、出租、转让、转租和抵押。其中，《广东省集体建设用地使用权流转管理办法》在我国首次以省级地方立法的形式允许集体建设用地直接入市交易，为农民集体土地合法直接入市提供了法律保障。

2015 年广东在佛山市南海区启动集体经营性建设用地入市试点，2016 年广东省首宗农村集体经营性用地在佛山市南海区公共资源交易中心顺利挂牌成交。

（2）完善住房多渠道保障

1）推进共有产权住房建设

为拓展住房多元化保障渠道，广东省住建厅、发改委联合印发《广东省新型城镇化规划（2016—2020 年）》，积极推动建立共有产权住房制度，支持中低收入家庭在市场上购买、租赁住房，鼓励自然人、各类机构投资者及国有企业购买库存商品房，根据出资数额确定不同出资人相应持有住房产权的比例。同时，还将积极探索“以需定建”的住房保障机制，推动建立起涵盖共有产权住房、限价商品房、棚户区改造住房、货币化安置等多渠道、广覆盖的住房保障体系。

2）推动住房租赁市场发展

广东省人民政府办公厅出台《关于加快培育和发展住房租赁市场的实施意见》（粤府办〔2017〕7 号），提出要促进住房租赁平台发展，培养和规范住房租赁企业、房地产开发企业、住房租赁中介机构、个人租赁、城中村住房租赁等多种住房市场供应主体，为住房租赁企业提供债券、不动产证券化产品等各类金融支持，积极开展房地产信托基金（REITs）试点，加快构建购租并举的住房制度，实现城镇居民住有所居。

（3）提升建筑工艺标准

1）出台各类建筑技术及产品规范标准

为规范建筑行业设计标准，近年来，广东省住建厅相继出台《保障性住房建筑规程》《广东省绿色建筑评价标准》等建筑设计标准，提升住房建造水平，推动绿色节能建筑发展。

同时，出台《建筑混凝土结构耐火设计技术规程》《高层建筑钢—混凝土混合结构技术规程》《民用建筑工程室内环境污染控制技术规程》《轻板墙体工程技术规程》《非承重混凝土小型砌体工程技术规程》《软瓷建筑装饰工程技术规程》等行业技术标准，规范建筑施工行业各项工程技术标准。

2）推动绿色节能建筑发展

为推动资源节约型、环境友好型社会建设，加快开发模式建设和发展方式转型，广东省发布《广东省绿色建筑行动实施方案》（粤府办〔2013〕49 号），要求从 2014 年 1 月 1 日起，大型公共建筑、政府投资新建的公共建筑以及广州市、深圳市新建的保障性住房全面执行绿色建筑标准；从 2017 年 1 月 1 日起，广东省新建保障性住房全部执行绿色建筑标准，广州市、深圳市大型公共建筑实行能耗定额管理制度。

到2020年底，广东省绿色建筑占比达到30%以上，建筑能耗水平接近或达到同期发达国家水平，公共建筑将全面实行能耗定额管理。《广东省节能减排“十三五”规划》，明确2020年底前，广东城镇新建民用建筑全面执行一星级及以上绿色建筑标准，进一步完善和强化规划、设计、施工、竣工验收等环节的节能监管，严格执行工程建设节能强制性标准，支持高标准、严要求、规模化绿色建筑及运行阶段绿色建筑发展。

（4）加强质量标准化管理

1）加强标准化设计

为规范装配式建筑设计建造标准，广东省人民政府办公厅出台了《关于大力发展装配式建筑的实施意见》（粤府办〔2017〕28号），要求加快研究制定符合广东实际，覆盖设计、生产、施工和使用维护全过程的装配式建筑评价标准和方法，修订完善装配式建筑工程定额、工程量清单计量规则、建筑信息模型（BIM）技术应用费用标准等计价依据，大力推动减隔震技术在装配式建筑上的应用，推动建立具有岭南特色的装配式建筑标准和技术体系。

2）推动装配式建筑发展

为大力促进装配式建筑发展，推动建造方式创新和建筑产业的转型升级，广东省人民政府办公厅出台了《关于大力发展装配式建筑的实施意见》（粤府办〔2017〕28号），分区域对装配式建筑面积提出差异化要求。

一是珠三角城市群，到2020年底、2025年底前，装配式建筑占比分别达到15%和35%以上，其中政府投资项目装配式建筑面积占比要达到50%和70%以上。

二是粤东西北地区常住人口超过300万的地级市中心城区，到2020年底、2025年底前，装配式建筑占比达到15%、30%以上，其中政府投资项目装配式建筑面积占比达到30%、50%以上。

三是广东其他地区，到2020年底、2025年底前，装配式建筑占比达到10%、20%以上，其中政府投资项目装配式建筑占比达到30%、50%以上。

同时提出，对装配式建筑项目优先安排用地计划指标，鼓励金融机构加大对装配式建筑生产企业、基地、项目、消费者给予金融综合支持，对装配式建筑项目实行增值税即征即退、财政补助等政策支持。

（5）加强房地产行业监管

1）加强房地产开发企业监管

为促进房地产开发市场主体规范健康发展，切实维护房地产市场各方的合法权益，2016年，广东省住建厅、省金融办、广东银监局、广东证监局等多个部门联合出台《广东省房地产开发企业和房地产中介机构从事互联网金融业务风险专项整治工作实施方案》，规范广东省房地产开发企业和房地产中介机构利用互联网从事金融业务及与互联网平台合作开展的金融业务，包括对房地产开发企业、房地产中介机构利用互联网从事金融业务、与互联网平台合作开展金融业务及以“股权众筹”等名义从事非法集资活动进行整治。

2）引导行业自律发展

为规范装配式建筑产业发展，广东省人民政府办公厅出台了《关于大力发展装配式建筑的实施意见》（粤府办〔2017〕28号），提出发挥行业协会、产业联盟的作用，进一步整合科研开发、勘察、规划、设计、部品部件生产、装配施工、装饰装修、物业服务、家具家电、物流配送、信息化应用等行业资源，组建装配式建筑产业发展联盟，提升行业自律水平。加强对部品部件生产企业的能力、信誉等的自律管理和评价，并及时向社会公布相关信息。

表1－3　广东省房地产开发建设相关政策

措施分类	序号	广东政策
强化土地供应调控管理	1	住宅用地宗地出让面积不得超过下列标准：小城市和建制镇7公顷，中等城市14公顷，大城市及大城市以上20公顷
	2	各类集体建设用地可以直接进入市场交易，自由出让、出租、转让、转租和抵押，实现与国有土地“同地、同价、同权”①
完善住房多渠道保障	1	提高公租房运营保障能力。鼓励各地政府采取购买服务或政府与社会资本合作（PPP）模式，将现有政府投资和管理的公租房交由专业化、社会化企业运营管理，不断提高管理和服务水平。在城镇稳定就业的外来务工人员、新就业大学生和青年医生、青年教师等专业技术人员，凡符合当地城镇居民公租房准入条件的，应纳入公租房保障范围②
	2	推进公租房货币化。转变公租房保障方式，实行实物保障与租赁补贴并举。支持公租房保障对象通过市场租房，政府对符合条件的家庭给予租赁补贴。鼓励商品住房库存规模较大、去库存周期较长的城市，逐步将住房保障方式由实物保障为主转变为租赁补贴为主。完善租赁补贴制度，结合当地市场租金水平和保障对象实际情况，按照分档补贴的原则合理确定租赁补贴标准③
	3	允许改建房屋用于租赁。允许将在建、建成、库存的商业用房等按规定改建为租赁住房，土地使用年限和容积率不变，土地用途调整为居住用地，调整后用水、用电、用气价格按照居民标准执行④

①《广东省集体建设用地使用权流转管理办法》。

②③④《广东省人民政府办公厅关于加快培育和发展住房租赁市场的实施意见》。

续表

措施分类	序号	广东政策
提升建筑工艺标准	1	新建大型公共建筑和政府投资新建的国家机关、学校、医院、博物馆、科技馆、体育馆以及其他公益性建筑，全面执行绿色建筑标准，绿色建筑建设的增量成本纳入投资预算①
	2	新建保障性住房逐步执行绿色建筑标准。从2014年1月1日起，广州、深圳市全面执行绿色建筑标准，其他地区执行绿色建筑标准的比例不低于25%，并逐年递增25个百分点；从2017年1月1日起，全省全面执行绿色建筑标准②
	3	加快互联网与资源循环利用融合发展，支持再生资源企业利用大数据、云计算等技术优化逆向物流网点布局，建立线上线下融合的回收网络，各地级以上市逐步建设废弃物在线回收、交易平台。鼓励相关行业协会、企业逐步构建行业性、区域性、全国性的产业废弃物和再生资源在线交易系统。支持汽车维修、汽车保险、旧件回收、再制造、报废拆解等汽车产品全生命周期信息的互通共享③
	4	推动新建建筑节能。优化城市功能和空间布局，科学划定城镇开发边界，探索集约、智能、绿色、低碳的城镇新建建筑。完善新建建筑在规划、设计、施工、竣工验收等环节的节能监管机制，加强县区一级建筑节能监管力度，严格执行工程建设节能强制性标准。研究制订广东省强制实施的绿色建筑设计、施工验收标准。鼓励高标准、严要求、规模化发展绿色建筑。在城镇新建民用建筑中全面推进绿色建筑行动。加强绿色建筑工程质量管理，大力发展运行阶段绿色建筑，鼓励发展二星级及以上绿色建筑④
	5	加快既有建筑节能改造。健全既有建筑节能改造技术标准，鼓励应用PPP、合同能源管理等市场化手段推进建筑节能改造⑤
	6	探索既有居住建筑节能改造模式，形成多样化、低成本、高效能的技术路径。结合城市热岛改造、旧社区低碳生态化改造、城市更新工作，规模化推进既有建筑节能改造。支持可再生能源资源丰富、工作基础扎实的地区，实施可再生能源建筑应用集中连片推广。强化宾馆、办公楼、商场等商业和公共建筑低碳运营管理⑥

①②《广东省绿色建筑行动实施方案》。

③④⑤⑥《广东省节能减排“十三五”规划》。

续表

措施分类	序号	广东政策
加强质量标准化管理	1	根据国家标准，研究制定符合本省实际的装配式建筑评价标准和方法。支持企业开展装配式建筑抗震技术研究，推广减震、隔震技术在装配式建筑上的使用，因地制宜选用抗震性能强的装配式建筑类型。制订或修订装配式建筑工程定额、工程量清单计量规则、建筑信息模型（BIM）技术应用费用标准等计价依据，及时发布相关造价信息。逐步建立完善覆盖设计、生产、施工和使用维护全过程的具有岭南特色的广东省装配式建筑标准和技术体系①
	2	大力推广装配式建筑，大力推广以标准化设计、工厂化生产、装配化施工、信息化管理为特征的绿色建造方式，以建筑设计贯穿标准化的措施，强化推广应用预制内外墙板、预制楼梯、叠合楼板、预制窗台板、整体厨卫、集成房屋、建筑幕墙、智能家居、建筑设备、成品钢筋、定型模板技术、集成机电等成熟技术与产品，以及一体化装修、建筑废弃物资源化利用等先进适用技术，培育一批建筑产业集群、基地，延伸建材产业链，提升绿色建材质量，提高建筑业现代化水平②
加强房地产行业监管	1	整合科研开发、勘察、规划、设计、部品部件生产、装配施工、装饰装修、物业服务、家具家电、物流配送、信息化应用等行业资源，组建装配式建筑产业发展联盟。发挥行业协会、产业联盟的作用，加强部品部件生产企业的行业自律管理，对部品部件生产企业的能力、信誉等进行评价，及时发布相关信息。合理引导预制构件产能，确保预制构件市场供需平衡③

4. 中西部重点城市

（1）成都加快推进装配式建筑及成品住房发展

大力推进装配式建筑及成品住房发展，是推动房地产行业由规模数量型向质量效益型发展转变的重大举措，是促进房地产开发建设主体由低水平单一型向高水平复合型发展的有效引领，是现代化大都市迈入高质量发展阶段后对房地产开发建设行业的内在变革要求。

成都出台《成都市人民政府关于加快推进装配式建设工程发展的

①③《广东省人民政府办公厅关于大力发展装配式建筑的实施意见》。
② 《广东省节能减排“十三五”规划》。

意见》（成府发〔2016〕16 号），分阶段对全市加快推进装配式建设工程发展进行了规划引领，进一步明确土地出让阶段绿色建筑和装配式建筑建设的要求，并在用地保障、税收和信贷优惠、资金支持等方面制定了倾斜性政策；出台《关于进一步加快推进我市成品住宅发展的实施意见》《成都市成品住宅年度建设规划（2017—2022 年）》，提出中心城区新开工商品住宅成品住宅比例达 100%、郊区县达 80%，政策强制性引领明显。

专栏 1－1　成都市加快推进装配式建设工程发展的配套政策

土地保障方面，可优先安排年度建设用地计划指标，土地出让价款可约定分期缴纳。

税收优惠方面，对符合政策规定的高新技术企业，减按 15% 的税率征收企业所得税。

金融财政方面，支持银行业金融机构对装配式建设工程部品部件生产企业优先给予信贷优惠；在专项基金、工业发展和科技经费等方面对装配式建筑项目给予相应奖励或补助支持。

运输保障方面，公安、交通等部门在物流运输、交通畅通方面给予支持。

（2）成都城市规划对房地产开发项目设计要求提高

围绕城市品质提升的目标，2017 年出台《成都市城市规划管理技术规定》，在房地产开发项目规划方面更加注重房地产与城市品质的相互融合。

成都市按照规划区位、交通条件、产业发展和市政基础设施的综合承载能力，将中心城区居住、商业服务业设施等建设用地划分为核心区、一般地区和特别地区，并对这三类地区执行差异化的容积率控制标准。其中，核心区指综合交通枢纽、城市轴线、城市中心区等建设强度相对较高的区域，住宅用地总容积率设定为不超过 2.5，总建筑密度不超过 20%；特别是邻历史文化街区、环城生态区、主要山体、主要河道、城市风景区等区域及环城生态区，住宅用地总容积率设定为不超过 1.5，总建筑密度不超过 30%；一般地区是中心城区中其他的大部分一般城市建设区域，住宅用地总容积率设定为不超过 2，总建筑密度不超过 20%。住宅兼容商业服务业设施用地容积率设定标准与住宅用地相同，只在总建设密度上将核心区、一般地区提升至不超过 25%。

（3）成都、合肥及时修订完善行业企业信用信息管理办法

提升信用信息管理水平是市场经济发展和现代产业发展成熟的重要标志，房地产开发建设产业链延伸长、涉及主体多、民生诉求较为集中，加快提升现代化的信用信息管理有利于行业健康发展，也是行业管理和市场发展迈入新阶段的客观需要。

结合全国及省级层面社会信用体系建设的新要求，针对行业、企业发展的新特征，成都出台《成都市房地产开发企业信用信息管理办法》（成建委〔2017〕135 号）。

合肥出台《合肥市建筑市场信用管理办法》（合建建管〔2017〕29 号），明确了企业信用信息收集责任主体，有效拓展了企业信用信息使用途径，有效提高了房地产开发企业诚信水平，以信用为基础规范房地产市场开发建设秩序有序形成。

重庆 2011—2013 年先后出台了《重庆市房地产行业信用体系建设方案》等 6 个政策文件，已经取得初步成效，但随着近年全国全市社

会信用体系建设加快推进，对上下游产业链（包括开发建设、技术咨询、中介服务等）进行全方位信用监管覆盖不足、信用信息公开高效使用不足、与社会信用体系有效衔接不足等短板日渐显现，信用建设及管理运用方式有待优化提升。

（4）西安、合肥优化审批流程，提高行业服务效能

房地产开发建设是典型的资金密集型、劳动密集型行业，也是典型的行政审批长、建设周期长、调控周期长的行业，优化提升行政审批服务，有利于降低企业综合开发成本，也有利于企业提升市场反应效率。

2016 年，西安出台《西安市房地产项目优化审批流程试行方案》，推动房地产“一窗受理、同步审批、限时办结、统一送达”审批方式改革，建立材料移交、联合审图、集中会签、联合查验等制度，将审批流程优化整合为用地立项、工程规划、施工许可、竣工验收四个阶段，进一步明确了审批主体、审批事项和审批时限，全流程审批时限压缩至 116 个工作日，大幅度提高审批服务效率。

2016 年，合肥出台《合肥市大建设项目流程优化实施意见》和《合肥市公益性项目流程优化实施意见》（合政办〔2016〕15 号），通过优化合并审批项目可行性研究报告和初步设计环节等流程，压缩审批时间。

重庆是大城市带大农村、区域和城乡差异较大的直辖市，城市化水平仍较低。应加快梳理建设领域审批流程事项，分门别类尽快制定建设项目流程优化实施意见，对审批环节做到应简尽简、可并尽并，尤其是在国家中心城市建设核心承载区范围内，要深化“放管服”改革，加快提升土地出让、规划审批等关键环节的行政审批效率。

（5）合肥公开建筑节能技术和产品应用目录清单

制定行业发展负面清单，是有效推进建筑行业新技术新工艺的有效政策工具。

为积极培育和引导建筑节能技术与产品市场的发展，合肥出台《建筑节能技术与产品推广应用管理暂行办法》（合建设〔2015〕7号）。为了加强对限制、禁止使用技术的管理，加快推进本市建设领域科技进步，经公开征求意见、专家论证，分批次制定目录清单并进行网上公示，已制定发布《合肥市建筑节能技术与产品推广、限制、禁止使用目录（第一批）的公告》（合建设〔2015〕15号），公开推广、限制、禁止使用的具体目录，从而推动建筑节能技术与产品的运营和升级。

重庆早在2008年就制定颁布了《重庆市建筑节能条例》，但后续对相关技术和产品应用的跟踪政策力度不大。政策创新要持续细化深化目录清单制定，根据技术发展、行业发展、城市发展的新特征新需要，与时俱进地更新清单。

（6）其他值得借鉴的经验和做法

合肥市调整下放监管权限，提高市场监管效能，发布《关于调整下放部分建设工程项目监督管理权限的通知》（合建〔2016〕67号），向区级住房和城乡建设管理部门下放部分监管事项，进一步强化“网络化、属地化管理”和健全“层级监管”体制，有效实现城市管理重心下移，并促进区级管理部门根据“负面清单、责任清单、权力清单”建立监管责任制度。

成都市抓好集体经营性建设用地入市改革试点。按照国家部委的试点要求，成都正加快探索建立集体经营性建设用地增值收益分配机制，依法开展集体建设用地建设租赁住房试点，探索宅基地依法自愿有偿退出有效路径，有利于拓宽租赁住房建设领域的土地供给保障渠道。

重庆应依托直辖市体制优势，有效下放监管权限，同时结合地票改革经验和公租房建设经验，加强农村集体经营性建设用地入市政策研究和试点方案制定。重庆具有直辖市的体制优势，也具有深化统筹城乡改革试点的政策优势，还具有公租房建设试点的先行优势，应结合新阶段住房制度改革新趋势，积极探索符合国家导向、具有重庆特色的多主体供给、多渠道保障、租购并举的地方创新型政策及制度设计。

三、经验借鉴

结合国家房地产开发建设发展趋势、政策引领着力点和先行地区经验对比分析，重庆应在顺应行业发展新趋势、市场需求新变动、政策调控新定位、“放管服”改革新要求、“大数据”管理新特征等方面加强政策借鉴和研究储备。

1. 顺应行业发展新趋势，细化政策规范

从全国来看，加快推进建筑产业现代化是行业发展的大趋势。借鉴上海、成都等地区先行发展经验，加大对绿色节能、智能化应用、装配式建筑、成品化生产等建筑业发展新业态的政策激励，是建筑行业深化供给侧结构性改革的着力点。

在标准化设计、工厂化生产、装配化施工、一体化装修、信息化管理、智能化应用等行业发展新领域，重庆不仅要紧跟国家政策导向，还应该积极结合山地城市人文地理条件，不断细化政策规范引领，持续推动建造方式探索创新。

2. 顺应市场需求新变动，加强政策引领

当前及一段时期内，人民群众在住房领域日益增长的美好生活需要不仅体现在数量供给上，更多地将体现在住房功能、品质和质量提升上，对房地产开发建设在安全、质量、性能、健康、节能等方面的要求不断提升。

在城市风貌整体打造、民族特色景观营造、人居环境品质提升方面，可以借鉴成都的差异化政策引领方式，适度增加强制性指标的硬性要求，逐步提高标准。

借鉴深圳、南京等地经验，增强对市场开发建设企业的政策引领和配套激励，优化健康养老、教育医疗、文化体育、休闲旅游等功能性房地产开发建设和存量资产盘活的政策，加快促进市场供给主体由粗放型开发转向集约高效发展，做精做细做优产品供给。

3. 顺应住房调控新定位，强化政策协同

坚持“住房不炒”的定位，加快建立多主体供给、多渠道保障、租购并举的住房制度，要不断提升央地政策协同和部门政策协同水平，推动相关调控政策有效落地。

不论是从北上广深等一线城市，还是成都、西安等周边热点城市，观察其前期调控政策可以发现，新一轮房地产调控更多是在市场多方博弈中不断打“政策补丁”，努力在房地产行业稳增长与防过热防泡沫中实现巧平衡，通过联动土地、财税、监管等，以“五限”为主要手段实施分城、分区、分人、分类差异化政策。

同时，根据产业布局与人口流动分布，强化交通、社区商业、公共服务等设施配套引领，提升政策调控的综合性、前瞻性、协同性水平。

4. 顺应“放管服”改革新要求，优化服务流程

房地产开发建设全产业链流程较长，牵涉行政管理主体较多，审批监管环节技术性较强，在用地立项、工程规划、施工许可、竣工验收等阶段企业制度性交易成本较大，进而导致用工、财务等成本上升。

以“放管服”改革为契机，借鉴上海承诺将审批时限缩短为法定时间的1/2，以及西安、合肥等地出台优化审批流程的地方性文件的先进做法，加快探索房地产项目优化审批流程试行试点，把提升政府服务效能与降低企业成本、增强事中事后监管水平相结合。

房地产开发建设相关行政主管部门，要破除部门本位思维，打破部门利益藩篱，加快优化行业服务流程和监管机制。

5. 顺应“大数据”管理新特征，提升信用监管

大数据时代加速来临，正在冲击并加快重塑诸多行业的传统监管体系和格局，房地产行业也不例外。房地产行业监管长期存在行业部门数据条块分割、企业个体数据碎片零散、市场运营数据失真失效等问题，随着大数据深化运用，既迎来了技术改造的良好契机，也面临着改革倒逼的巨大压力。

行业信息化管理、企业信用化管理、部门数据共享化管理是新一轮监管体系改革的大趋势，将加快重塑房地产开发管理新格局。

第二章

重庆房地产开发建设领域实施政策分析

一、政策梳理

重庆深入推进房地产供给侧结构性改革，不断完善房地产开发建设的规划设计、工艺标准，加大房地产土地供应、税收金融等方面调控，加强房地产行业监管，推动产品供应升级，有效促进了全市房地产业持续健康发展。

1. 强化土地供应保障

（1）多渠道增加土地供应

重庆自2008年起探索建立土地储备、“地票”交易、承包地经营权流转等机制，解决城市建设用地紧张的问题。截至2016年，全市增加了18万多亩建设用地指标，为城市开发建设提供充足的用地指标保障。

根据市场房价走势调整供地时序和节奏，通过开展集中供地、允许农村集体建设用地入市交易、加大旧城拆迁改造力度等举措，多渠道增加市场土地供应，有效避免因土地供应短缺引起的房价大幅上涨情况发生，全市楼面地价基本控制在当期房价的1/3左右。

（2）优化土地供应结构

合理确定土地供应结构、区域和时序，根据库存量联动安排每年供地情况，从土地供给端保障房地产市场供需基本平衡。

自2015年起，重庆积极推动房地产去库存，连续三年优化调整主城区土地供应面积和供应结构，降低主城区商品住宅库存及房地产市场风险。优先保障公租房、棚户区改造、90平方米中小户型商品房开发等用地需求，其中公租房解决了城市200多万人的住房需求，棚户区直接惠及群众约46万人，较好保障了民生需求。

2016年下半年以来，针对商务楼宇库存压力大和渝北、江北等区域销售较旺的情况，重庆加大热点区域土地供应和住宅开发建设，减少商业用地供应规模，促进房地产市场均衡发展。

专栏2-1 重庆土地储备制度和地票交易制度主要做法

土地储备制度

为了实现统一规划、统一供地、统一管理的目标，经市人民政府批准，对拟供给的国有地块予以储存，待条件成熟时再实施征地或城市房屋拆迁、整治的行为。

通过建立土地储备制度，将土地一级市场的经营权收归市政府，然后通过政府特许经营的方式，由重庆地产集团、重庆市城市建设投资公司、重庆市渝富国有资产管理公司等八大投融资平台（简称“八大投”）经营。在完成土地征收后，八大投通过投入资金来进行拆迁安置或置换搬迁，并开展土地整治，将完成“七通一平”可以直接使用的“熟地”在土地出让中心挂牌交易。

地票交易制度

2008年，重庆报经中央同意，成立农村土地交易所，启动了地票交易试点。包括农村宅基地及其附属设施用地、乡镇企业用地、农村公共设施和农村公益事业用地等在内的农村集体建设用地，经过复垦并经过土地管理部门严格验收后产生指标。

企业购得地票后，可以纳入新增建设用地计划，增加相同数量的城镇建设用地。通过交易，获得地票者可以在重庆市域内，申请将符合城乡总体规划和土地利用规划的农用地，征转为国有建设用地。实施地票交易后，一方面，农村建设用地浪费问题得到了解决；另一方面，也解决了城市建设用地紧张的矛盾。城市建设用地增加和农村建设用地减少挂钩，保证了城乡建设用地总量不增加、耕地总量不减少，为破解我国的“土地困局”提供了一条新路径①。

2. 推动产品供给升级

（1）推动房地产市场多元化发展

积极适应经济社会发展需要，从以房地产市场商业住宅开发为主，逐渐转向多元化房地产开发。

在功能上，支持房地产与旅游、文化娱乐、养老等产业融合发展，在政策上加大对旅游地产、文化教育地产、娱乐地产、健康地产、养老地产、商业综合体等的支持力度，促进房地产市场产品提档升级。

在产品上，为适应现代技术发展趋势，推动产业现代化发展，发布《重庆市城市房地产开发经营管理条例》，推行智慧建筑、节能建筑、绿色建筑、钢结构建筑等发展，并积极推动建筑改造升级，支持对政府办公建筑、商场、体育建筑和交通枢纽站场等公共建筑进行节能改造，加大老旧社区电梯、管网改造，提升建筑品质。

① 黄奇帆．地票制度实验与效果——重庆土地交易制度创新之思考［N］．学习时报，2015－05－04.

专栏2－2　金科地产多元化转型升级案例

公司积极推动产品创新、模式创新，从“地产开发商”转型升级为“美好生活服务商”，以“地产+服务”连接用户，打造优质生活方式，从人居需求出发，积极践行“成长更好、便利更好、健康更好、邻里更好、居家更好”五大主张，形成了产业综合运营、社区综合服务、酒店园林、门窗装饰等协调发展的多元化产业结构和业务格局。

绿色住宅方面，公司在规划初期就从环境绿化、能源系统、空气环境、建筑材料、废弃物处理、水、光等方面入手，保证每项指标完全符合甚至高于国家标准，如江津中央公园城、金科中央御院、重庆金科城等。

产业地产方面，公司重点发展三大方向为：健康产业、文化旅游产业和高新科技产业园区。金科积极整合行业内的优势企业的品牌影响力和产业资源，通过合资合作、强强联合、优势互补，掌握产业链核心环节，培育自身核心竞争力，实现快速发展，如两江新区的重庆健康科技城项目。

商业地产方面，公司重点整合商业资源，发展社区商业产品的连锁经营，代表项目有涪陵世界走廊以及重庆开县金街、永川金街。

非地产板块方面，公司积极向金融、能源、服务、酒店园林等领域拓展。

（2）项目配套政策更加系统全面

开发项目配套政策从基础配套向品质型配套要求转变。

在市政设施及公共服务配套方面，强化完善项目的道路、电力、给排水、公交车站、通信等市政基础设施配套。按照城市“10分钟社区生活服务圈”和“20分钟街道公共服务圈”目标，强化基础教育、社会医疗、餐饮娱乐、文化体育、社区商业等公共服务设施配置，确保居民就近享受优质的生活、医疗、教育等公共服务。

在项目开发建设方面，积极支持开发品质升级，强化开发项目容积率、绿化率，提升项目品质。出台提升开发项目配套标准，在《关于进一步贯彻房地产开发项目配套设施建设承诺制度的通知》（2015年）、《住宅电梯配置和选型及安装维护标准》（2017年）等文件中，提高开发项目车库车位、电梯等建设数量、标准，强化开发项目的消防等安全设施配置，提升开发项目品质和安全性。积极支持开发项目向智能化、绿色化发展。

专栏2-3 重庆鲁能产品供给升级经验

重庆鲁能积极响应国家供给侧结构性改革政策，适时调整企业发展路径，确立了“泛产业地产发展商”的战略定位，加快从传统房企的“房地产+”向“泛产业地产”转型发展，积极布局商业地产、文旅地产、体育地产、健康地产、科技地产、美丽乡村、大型复合地产等房地产开发项目。

目前，鲁能在重庆的项目已达11个，包括鲁能星城、鲁能领秀城、鲁能南渝星城、鲁能城、鲁能九龙花园、鲁能泰山7号、鲁能北渝星城、鲁能星城外滩、鲁能美丽乡村、鲁能胜地、江津鲁能领秀城。其中，鲁能泰山7号系列产品紧密契合“健康中国”的主题，以体育休闲产业链衍生为核心，探讨体育与住宅地产模块的优化组合，形成独具鲁能特色的复合型运动人居生活，通过体育地产项目促进体育大众化，让体育走进社区，带给人们更加绿色、健康、简约的生活方式。鲁能泰山7号开发项目入市便受到消费者青睐①。

3. 提升建筑工艺标准

（1）加快地方标准体系建设

出台《重庆市保障性住房装修设计标准》《重庆市住宅建筑群电信用户驻地网建设规范》《跨越式施工支架技术规程》《建筑护栏技术规程》《重庆市建筑智能化系统工程施工规范》《建筑地基基础工程施工质量验收规范》《非承重节能型烧结页岩空心砌块墙体工程技术规程》《市政工程边坡及挡护结构施工质量验收规范》《改性无机粉建筑装饰片材工程技术规程》等18项地方建设标准，其中强制性标准14项，对提升城市建设和管理水平、保障建设工程安全质量及推动新技术应用具有积极作用。

出台《建筑工程消防验收方案》《关于优化建设工程防雷许可的实施意见》等建筑标准，规范建筑质量、消防、防雷、抗震等建设标准，提升房地产项目安全质量水平。

（2）积极推动建筑新技术、新工艺、新材料运用

顺应绿色低碳、物联网等发展潮流，先后出台《重庆市建筑节能条例》《重庆市深入推进智慧城市建设总体方案》《关于加快推进建筑信息模型（BIM）技术应用的意见》《重庆市人民政府关于加快钢结构推广应用及产业创新发展的指导意见》《绿色建筑评价标准》等政

---

① http：//www. sohu. com/a/193390382_ 171986.

策，提出推广应用BIM技术、智慧智能、绿色节能、钢结构等，大幅提高住宅的工程质量、功能质量、科技含量，并对钢结构房屋、装配式混凝土构件分别给予30元/平方米、350元/立方米的资金支持；要求对未经建筑能效测评或者能效测评不合格项目，不得组织竣工验收和交付使用。

出台《重庆市绿色建筑项目补助资金管理办法》（2015年），推动高强混凝土类、石膏类、加气类和纤维增强类材料等绿色多功能复合材料运用，对金级绿色建筑标识的项目给予财政补助。

专栏2-4　重庆建工集团推动新材料新工艺应用经验

重庆建工集团房地产开发有限公司积极发展装配式建筑、绿色建筑，推广应用建筑新工艺、新技术、新材料。为此，公司成立了重庆建工高新建材有限公司，大力发展装配式建筑。将ERP系统、GPS系统、全面预算管理系统、物联网技术等充分应用到生产经营管理全过程中，生产满足市场需要的叠合梁、叠合板、预制柱、预制楼梯、预制剪力墙、单元体玻璃幕墙、光影成像技术、装饰混凝土、透水混凝土等一系列的装配式预制构件产品，引领重庆建筑产业现代化发展。

积极打造绿色建筑标杆样板。响应绿色生态建筑的政策要求，将彭水新领域项目打造为绿色生态住宅小区，按照重庆市《绿色生态住宅小区（绿色建筑）建筑技术规程》等规范要求，在设计过程中采取多种措施，包括提升绿化覆盖率，设置雨水回用系统及节能灌溉系统，设置与排风设备联用的一氧化碳浓度监测装置，采用墙式通风器系统、严格家居安防系统和小区一卡通平台系统，选用高效节能的住宅及景观光源等，创建一个绿色生态的宜居家园，为小区住户提供健康舒适的居住环境。

4. 加强规划刚性约束

（1）规划政策刚性约束不断强化

《重庆市城市规划管理条例》规定，建设用地单位或个人必须按照规定申领建设工程选址意见书和建设用地规划许可证，明确建筑工程规划管理办理程序。建筑总平面布置要符合城市管线安全距离、园林绿化、市政设施建设等规划，明确规定未取得建设工程规划许可、擅自改变建设工程规划许可证、违反城市建设规划等行为为违法建设行为。

《重庆市城市规划管理技术规定》（2016 年）规定，建筑临次干道后退不小于 3 米，临主干道不小于 5 米，居住用地住宅面积应大于 80%，商住混用地商业面积最低下限调至 20%。

《重庆市主城区城市空间形态规划管理办法》强化了主城区范围内建（构）筑物的空间形态及景观风貌规划管理，对不同管控区内的建（构）筑物空间形态实行分级管理。

《重庆市人民政府关于进一步加强主城区控制性详细规划修改管理工作的通知》提出，未经法定程序不得修改控制性规划，要求严格按照程序执行控规修改及论证，强化对房地产开发项目的规划设计约束。

（2）对项目设计要求逐渐提高

《重庆市城市规划管理条例》（2012 年）要求提高城市设计水平，要求设计单位加强建筑设计管理，建筑设计要体现城市特色风貌并保护历史文化风貌，推动建筑新材料、新工艺、新技术应用，强化用地规划、市政专项规划红线管理，完善建筑公共服务配套，提升建筑水平。

规划指标标准逐步完善。《重庆市环境保护条例》（2007 年）、《重庆市建筑节能条例》（2008 年）、《重庆市消防条例》（2010 年）强化了建筑规划设计的环境、节能、消防等标准。《重庆市城市规划管理技术规定》（2016 年）修订了房地产开发容积率、建筑密度等控制指标，将主城一类居住用地、二类居住用地、商业设施用地容积率上限值定为 1. 2、2. 5 和 2. 5。一类居居住地建筑密度≤40%，二类居住用地建筑密度≤35%，商业设施建筑密度≤60%，车位配建提高到一类住宅 2. 5 车位/户、二类住宅 1. 5 车位/户、商业及办公 1. 2 车位/100 平方米建筑面积。《重庆市工程建设标准设计体系表（2016—2020 年）》（2017 年）细化了建筑工程规划设计的建筑、结构、给水排水、电气、弱电、暖通空调、动力等标准。

专栏 2 – 5　重庆龙湖地产项目规划设计经验

重庆龙湖地产拥有一支专业的规划设计运营团队。在项目规划上，选择城市未来热门区域、离市中心车程 30 分钟左右、占据山河江湖等稀缺资源，以及选择市政府配套重点规划区域等作为项目重点开发区域；设计之初便从户型、功能、设备、收纳系统、家居智能化等方面进行全方位的科学设计；兼顾产品的舒适性、环保性、功能性、性价比、居住质量、售后服务体系等方面的需求。通过精准的产品设计和市场定位，众多的龙湖项目获得市场和运营的成功，在业界赢得极高的声誉。

在房地产开发实践中，龙湖摸索出一套项目开发建设经验，在立面风格、园林景观、设备安装、技术、配套、施工等方面形成了龙湖标准，实现产品的标准化，并大量复制运用在其他项目上，通过产品标准化树立了龙湖品牌形象。2004 年，龙湖获得美国建筑师学会“优秀城市设计大奖”，2013 年获全美住宅建筑商协会“最佳国家建筑设计奖”。

5. 加强行业规范监管

（1）加强市场开发主体监管，加强房地产开发企业资质管理

2011 年以来，出台《进一步规范三级房地产开发资质审批的通知》等政策文件 6 个，加大对新设企业实力、自有资金情况、开发经验等审查力度，避免不具备房地产开发能力的企业盲目进入房地产业，从源头上防范风险，提升行业集中度。

1）推动房地产业兼并重组

出台《关于促进房地产开发企业兼并重组实施意见》，支持房地产开发企业通过土地回购、整体收购、项目收购（转让）、股权收购、经营代管、企业合并等多种形式实施兼并重组，促进房地产企业资源整合、优势互补。

2）完善企业退出机制

加大房地产供给侧结构性改革，清理“僵尸企业”和“空壳公司”，优化房地产开发企业结构，增强行业竞争力和抗风险能力。

（2）强化项目开发全过程监管

1）建立健全房地产开发制度，促进行业有序规范发展

完善并推行房地产开发项目建设方案备案、住宅交付使用公示和

项目手册管理、项目资本金管理和预售资金管理、配套设施建设承诺和交付使用告知、新建商品住宅交付使用公示等制度，对房地产开发项目的性质、规模、开发期数、开工时间、竣工时间、开发进度和应建配套设施的种类、内容、规模、交付使用时间等内容及相关证明材料进行告知、承诺和公示，规范房地产开发建设行为，提升建设质量和水平。

2）重点强化项目资本金和预售资金监管

2013 年以来，出台《重庆市房地产开发项目资本金管理办法》《重庆市商品房预售资金首付款使用实施细则》等 6 个政策文件，加强对房地产开发项目资本金和预售资金首付款监管力度，规范房地产企业行为，保障工程建设资金，切实维护购房人权益，降低房地产市场杠杆，有效防范市场风险。

（3）建立完善房地产信用体系

1）建立房地产行业信用管理平台及数据库

2011 年以来，出台《重庆市房地产行业信用体系建设方案》等信用体系建设相关文件 6 个，提出建立房地产行业信用管理平台，完善信用信息收集和企业信用信息填报机制，推动对企业开展信用综合评价，运用信用手段强化房地产开发事中事后监管，规范房地产企业开发行为。

2）强化信用的激励约束作用

推动建立守信激励、失信惩戒机制和黑名单制度，建立房地产企业信用信息披露机制和部门联动长效监督机制，将企业信用与资质和项目开发挂钩，通过信用管理优化行业发展环境，促进房地产业良性发展。

专栏2-6 重庆房地产行业主要监管政策文件

房地产开发信用体系主要政策文件（6个）

《重庆市城市建设综合开发办公室关于下发〈重庆市房地产行业信用体系建设方案〉的通知》（2011年）、《重庆市城市建设综合开发管理办公室关于下发进一步认真核准信用档案管理系统中企业资料的通知》（2011年）、《重庆市城市建设综合开发管理办公室关于启动我市房地产开发行业信用体系试运行工作的通知》（2012年）、《重庆市城乡建委 重庆市城市建设综合开发管理办公室关于印发〈重庆房地产开发行业信用体系建设与管理暂行办法〉的通知》（2013年）、《重庆市城市建设综合开发管理办公室关于房地产开发企业信用管理人员备案管理工作的通知》（2013年）、《重庆市城市建设综合开发管理办公室关于信用信息填报工作的通知》（2013年）。

房地产开发资质管理主要政策文件（6个）

《重庆市城市建设综合开发办公室关于下发进一步规范三级房地产开发资质审批的通知》（2011年）、《重庆市城市建设综合开发管理办公室关于完善房地产开发企业正式资质续期工作的通知》（2013年）、《重庆市城市建设综合开发管理办公室〈关于进一步做好房地产开发企业资质管理服务工作的通知〉有关内容的通知》（2014年）、《重庆市城乡建设委员会重庆市城市建设综合开发管理办公室房地产开发企业资质办事指南》（2014年）、《重庆市城乡建设委员会重庆市城市建设综合开发管理办公室关于严格房地产开发企业资质管理的通知》（2016年）、《重庆市城市建设综合开发管理办公室调整〈关于进一步做好房地产开发企业资质管理服务工作的通知〉有关内容的通知》(2016 年)。

房地产开发资金监管主要政策文件（6 个）

《重庆市人民政府关于进一步加强和规范商品房预售资金管理的通知》(2013 年)、《重庆市城市建设综合开发管理办公室关于做好项目资本金统计报表工作的通知》(2013 年)、《重庆市城乡建设委员会中国人民银行重庆营业管理部重庆市城市建设综合开发管理办公室关于印发〈重庆市房地产开发项目资本金管理办法〉的通知》(2014 年)、《重庆市城市建设综合开发管理办公室关于贯彻落实〈重庆市房地产开发项目资本金管理办法〉有关问题的通知》(2014)、《重庆市商品房预售资金首付款支付使用实施细则（试行)》(2014 年)、《重庆市城乡建设委员会重庆市城市建设综合开发管理办公室关于调整项目资本金和预售资金首付款监管优惠政策的通知》(2015 年)。

二、政策评价

在全国房地产开发政策总体框架下，重庆积极落实国家各项房地产开发政策及调控措施，科学借鉴其他地区房地产开发政策及经验，根据重庆房地产开发建设实际情况，针对性地出台房地产开发、监管、调控等政策，为全市房地产市场健康发展打下了基础。

一是按照供给侧结构性改革要求，综合运用财税、金融、土地等政策工具，加强对房地产市场供需的预调、微调和精准调控，引导和规范房地产企业开发建设行为，确保房地产市场有序发展。

二是建立起覆盖房地产开发全过程的监管体系。事前监管方面，通过开发企业资质管理，防止资质不健全、实力较弱的企业进入房地产开发市场，构筑起保障房地产市场健康运行的防火墙；事中监管方面，完善房地产开发的备案制度、公示制度、告知制度、承诺制度等制度和政策，通过制度规范房地产企业开发行为，提升房地产开发品质，减少开发建设风险；事后监管方面，建立起房地产开发信用体系，强化信用对企业的约束监管功能。

三是出台政策积极推动房地产市场多元化转型发展。积极优化房地产供给质量，推动旅游地产、文化地产、养老地产等多元化发展，引导房地产企业完善功能配套、提高项目品质；同时，出台政策完善房地产企业兼并重组和退出机制，优化房地产开发市场环境。

四是结合国家房地产开发有关推广应用绿色节能新材料、新工艺、新技术的要求，根据重庆房地产开发建设情况，出台全市房地产开发工艺、绿色节能材料、装配式建筑等地方标准及推广政策，推动实现房地产市场开发能力的跃升和产品整体品质的提升。

但与国家房地产开发要求、市场发展趋势及其他省市相比，重庆房地产开发建设仍存在一些政策短板，突出表现在以下三个方面：

一是推动房地产开发新材料、新工艺应用的政策强度仍不够，相关开发建设指标与其他地区有一定差距。与其他省市相比，重庆房地产开发推广新材料、新工艺的政策支持力度仍然不够，规模化推广钢结构建筑、装配式建筑的配套政策仍不完善，建筑新工艺、新材料产业化程度较低，精装房占比小，政府仍需引导加大新工艺、新材料市场化应用力度。重庆房地产开发的商住比、车位配建比、容积率、建筑密度等指标与国内其他省市相比仍有较大优化空间，城市整体品质和风貌还有待提升。

二是房地产开发信息化基础设施建设不足。与沿海地区相比，由于信息化建设相对滞后，全市房地产开发总体上仍存在审批流程和时间较长的问题，各监管审批部门并联审批、资料数据共享程度较低，与房地产开发企业的诉求仍有一定差距。同时，信息化建设水平较低，对指导房地产企业开发建设布局的优化和配套设施的完善也存在一定制约。

三是监管体制机制仍需进一步完善。当前重庆房地产开发信用评价指标体系还需进一步优化，信用评价信息应用还有待增强，事中、事后监管机制还不健全，房地产企业开发的负面清单和退出机制有待完善。需要将企业信用结果与房地产开发企业资质管理、政府招投标挂钩，进一步发挥事中事后监管对房地产企业规范发展和项目有序开发的引导约束作用。

第三章

重庆房地产开发建设总体情况

房地产业运行与经济增长态势、货币利率环境以及政府调控导向等密切相关。在2008年金融危机爆发之后，我国加强稳增长力度，带动经济短期回暖。但是，自2011年起，我国经济增长率总体开始放缓。货币政策取向历经从紧、适度宽松、稳健中性三个阶段变化，房地产业的运行相应呈现三轮波动周期（见图3－1）。重庆经济走势、房地产业运行趋势与全国具有共通性，有必要结合全国经济货币环境及调控背景，梳理分析重庆房地产开发建设领域的变化趋势特征。

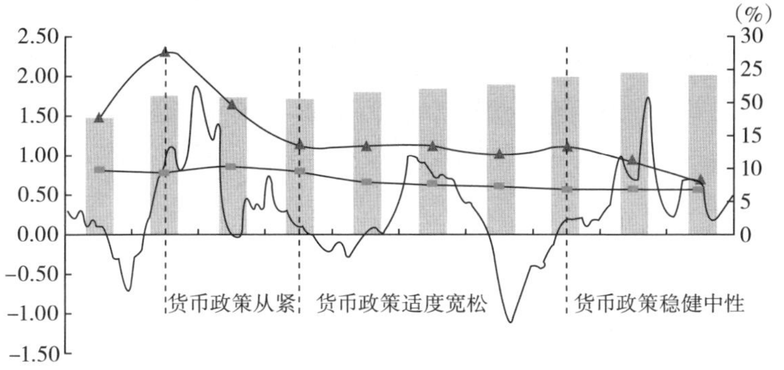

年份	2008	2009	2010	2011	2012	2013	2014	2015	2016	2017
GDP增速	9.7	9.4	10.6	9.5	7.9	7.8	7.3	6.9	6.7	6.9
M2增速	17.8	27.7	19.7	13.6	13.8	13.6	12.2	13.3	11.3	8.2
M2/GDP	1.49	1.75	1.76	1.74	1.80	1.86	1.91	2.02	2.08	2.03

图3－1　2008年金融危机以来我国GDP、M2、房价变化情况

注：全国房价数据为我国70个大中城市新建住宅价格月度环比。

数据来源：Wind。

专栏3-1　2010年以来我国货币政策取向及房地产波动周期

货币政策取向变化

2009年我国“四万亿”投资导致货币供应量大幅增长后，2010—2011年我国历经12次加准、5次加息，货币政策表现从紧；2012—2015年历经7次降准、8次降息，货币政策整体适度宽松；2016年起，货币政策稳健中性并逐步有所偏紧。

房地产波动周期

根据我国70个大中城市新建住宅价格指数环比变化，2008年金融危机之后，我国房地产市场共经历三轮周期：

第一轮：2009年3月至2012年5月。其中，2009年3月至2011年9月为上行周期，2011年10月至2012年5月为下行周期。

第二轮：2012年6月至2015年4月。其中，2012年6月至2014年4月为上行周期，2014年5月至2015年4月为下行周期。

第三轮：2015年5月之后开始新一轮上行周期，至今尚未结束。

一、开发市场运行情况

从开发投资、施工建设、土地购置等方面梳理分析重庆房地产开发建设情况及变化趋势。总体来看，自2010年以来，重庆房地产开发市场呈现快速增长态势，投资规模持续扩大，开发强度总体适度，对维系市场供需平衡、促进行业平稳健康发展，以及推动重庆经济稳步增长均起到非常积极的作用。

1. 房地产开发投资变化趋势

（1）投资规模稳步扩大，但增速阶段性换挡特征明显

2010—2017 年，重庆房地产开发投资由 1620 亿元扩大至 3980 亿元，年均增长 16.2%，占社会固定资产投资比重稳定在 25% 左右的合理区间，占 GDP 比重达 22% 左右，房地产投资对全市经济增长形成良好支撑。

从变化趋势看，投资增长先扬后抑，2010—2014 年均保持 20% 以上中高速增长。自 2015 年起，随着房地产去库存持续推进，房地产投资增速呈现明显拐点特征，2015 年、2016 年增速分别大幅放缓至 3.3%、-0.7%，2017 年在市场持续回暖带动下房地产投资增速回升至 6.8%，但仍处于近年来较低水平。如图 3-2 所示。

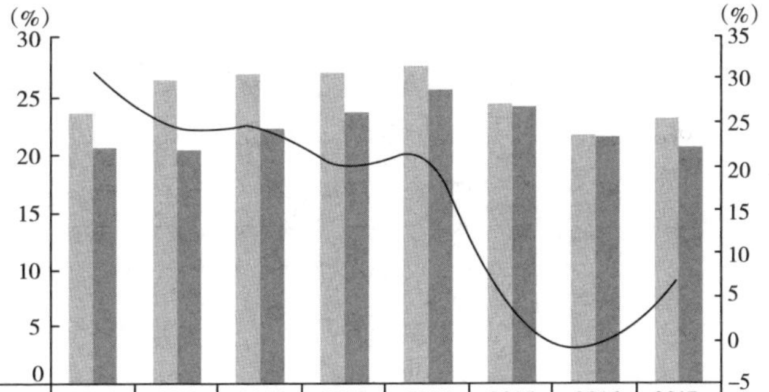

年份	2010	2011	2012	2013	2014	2015	2016	2017
占固定资产投资比重（左轴）	23.36	26.22	26.74	26.89	27.45	24.23	21.46	22.82
占GDP比重（左轴）	20.44	20.13	21.98	23.57	25.45	23.87	21.22	20.41
—房地产开发投资增速（右轴）	30.8	24.37	24.48	20.11	20.49	3.33	-0.68	6.80

图 3-2　2010—2017 年重庆房地产开发投资情况

（2）住宅投资企稳回升，商业办公类用房投资放缓

2010—2017 年，重庆住宅、商业营业用房、办公楼累计投资额占房地产投资比重分别为 66.3∶14.7∶4.3。其中，住宅是房地产投资主体，占比持续保持在 60% 以上。

从变化趋势看，住宅投资增速总体放缓，2017 年呈现企稳回升态势。具体来看，重庆经济和城市发展加快，带动商业营业地产进入快速发展时期。2010—2014 年商业营业用房和办公楼投资增速多在 40% 以上，而同期住宅投资增速总体低于商业营业和办公用房投资增速，并呈现由 30%（2010—2011 年）—20%（2012—2014 年）—负增长（2015—2016 年）的阶段性放缓特征。但是，随着 2017 年住宅市场回暖以及前期商业营业及办公用房建设体量激增造成供给过剩，全市住宅投资明显提速，而商业营业用房及办公楼投资则有所减少，如图 3－3、表 3－1 所示。

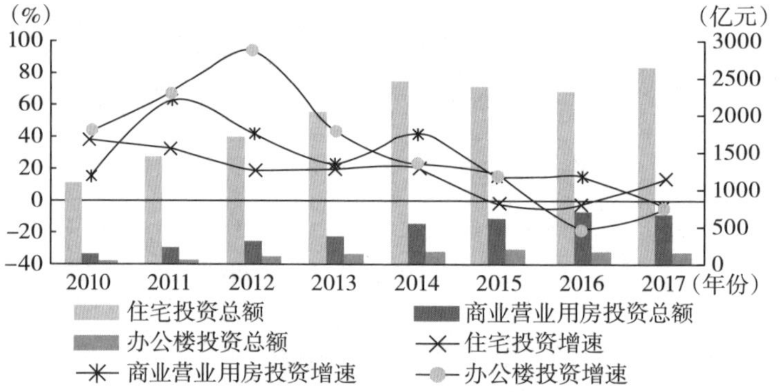

图 3－3　2010—2017 年重庆三大房屋类型投资情况

表 3－1　2010—2017 年重庆三大房屋类型投资情况

年份	2010	2011	2012	2013	2014	2015	2016	2017
住宅投资总额（亿元）	1091.49	1438.45	1706.77	2044.24	2451.37	2390.49	2319.97	2632.88
商业营业用房投资总额（亿元）	134.4	218.03	307.48	377.41	534	616.19	704.37	671.8
办公楼投资总额（亿元）	31.53	52.67	101.61	144.56	176.96	203.56	166.04	157.28
住宅投资增速（%）	38.33	31.79	18.65	19.77	19.92	−2.48	−2.95	13.5
商业营业用房投资增速（%）	15.12	62.22	41.03	22.74	41.49	15.39	14.31	−4.6
办公楼投资增速（%）	42.78	67.04	92.92	42.27	22.41	15.03	−18.43	−5.3

（3）区域投资结构总体稳定，非主城片区投资占比略有下降

2010—2017 年，重庆房地产投资主要集中在主城片区，占全市房地产投资比重稳定在65%左右。受房地产去库存影响，2015 年起主城片区投资增速大幅放缓，占全市投资比重由 2010 年的 68.6%下降至 2016 年的 63.3%。2017 年，随着主城片区住宅去化周期加快缩短，房地产投资提速并带动投资占比提高至 65.6%。渝西片区、渝东北片区、渝东南片区近两年总体处于去化阶段，房地产投资增速及投资占比均有所下降。

2. **商品房施工建设供给情况**

（1）开发建设有序推进，并呈现调控导向的周期性波动特征

2010—2017 年重庆商品房施工、新开工、竣工面积年均分别增长 9.6%、8.2%、8.1%，新开工和竣工面积增速相当，反映出全市商品房供应节奏相对稳定。

从变化趋势看，全市房地产开发市场呈现明显的调控导向型波动特征。在 2010 年、2013 年重庆房价高点年份，在市场销售刺激及政策调控导向下，商品房供给大幅增加，施工面积、新开工面积增速均达到 20%以上，呈现有别于其他年份的快速增长势头。但是，由于 2013 年房地产市场回暖力度和持续性相对弱于 2010 年，施工、新开工面积增速（19.3%、31.5%）均低于 2010 年水平（31.3%、65.5%）。随后，在调控政策加强以及房地产逐步转向去库存的影响下，2014 年起施工、新开工面积稳中有降，2016 年分别同比减少 5.6%、16.1%，市场供给有所趋缓。到 2017 年，随着房地产销售激增，加快消化市场存量，商品房新开工面积大幅增加以保障市场供应。

商品房竣工面积增速于2011年、2015年分别达到七年高点30.4%、次高点24.5%，2017年增速也有14.3%，市场供给增加对稳定房价起到积极作用，而2010年、2013年、2016年竣工面积明显减少，对当期房价上涨起到一定助推作用。如图3－4所示。

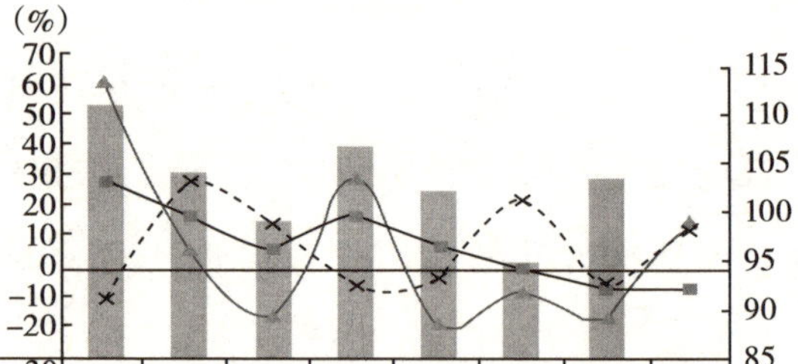

年份	2010	2011	2012	2013	2014	2015	2016	2017
新建住宅销售价格指数	110.8	104.1	99.2	106.7	102.2	95	103.6	—
商品房施工面积同比增速	31.3	19.01	7.9	19.28	9.04	1.26	-5.6	-5.1
商品房新开工面积同比增速	65.53	8.1	-14.8	31.45	-18.16	-7.09	-16.1	16.5
商品房竣工面积同比增速	-9.65	30.37	16.54	-4.67	-2.28	24.54	-4.51	14.3

图3－4　2010—2017年重庆商品房开发建设及房价变化情况

数据来源：新建住宅销售价格指数数据来源于《重庆统计年鉴》。

（2）住宅开发节奏相对较慢，商业用房供给增加

2010—2017年，重庆住宅、商业营业用房、办公楼施工面积年均分别增长7%、15.5%、22.7%，竣工面积年均分别增长5.2%、18.3%、30.7%，商业及办公用房开发节奏明显快于住宅。住宅仍是开发建设的主体，施工、竣工面积占比均在64%以上。

从变化趋势看，住宅开发总体趋缓，施工面积自2015年起持续减少，竣工面积占比由2013年之前的80%以上下降至不到70%；而商业营业用房供应快速增加，施工面积占比由2010年的9%上升至2017年的高点15.4%，逐步形成供给过剩局面。如表3－2、表3－3所示。

表 3-2　2010—2017 年重庆三大房屋类型施工建设情况（%）

年份	2010	2011	2012	2013	2014	2015	2016	2017
住宅施工面积增速	32.95	15.9	6.74	13.24	5.43	-4.46	-7.52	-6.6
占全口径施工面积比重	80.2	78.07	77.23	73.32	70.9	66.9	65.54	64.51
商业营业用房施工面积增速	15.27	26.23	3.71	46.18	11.83	23.96	2.0	-4.9
占全口径施工面积比重	9.04	9.6	9.22	11.3	11.59	14.18	15.33	15.4
办公楼施工面积增速	17.73	56.26	29.21	56.44	37.12	6.81	-10.92	-11
占全口径施工面积比重	1.44	1.9	2.27	2.98	3.75	3.95	3.73	3.50

表 3-3　2010—2017 年重庆三大房屋类型竣工建设情况（%）

年份	2010	2011	2012	2013	2014	2015	2016	2017
住宅竣工面积增速	-8.58	29.68	19.8	-15.32	-3.34	14.95	-3.2	7.5
占全口径竣工面积比重	82.99	82.55	84.86	75.37	74.55	68.81	69.75	65.6
商业营业用房竣工面积增速	-11.21	30.23	-5.5	61.6	-25.32	77.94	4.68	14.2
占全口径竣工面积比重	8.74	8.73	7.07	11.99	9.16	13.09	14.35	14.33
办公楼竣工面积增速	-35.22	49.06	-32.17	149.48	51.84	70.1	-48.41	40.6
占全口径竣工面积比重	1.14	1.31	0.76	1.99	3.09	4.23	2.28	2.81

（3）主城片区商品房建设总体放缓，渝西片区施工规模有所扩大

2010—2017 年主城片区、渝西片区、渝东北片区、渝东南片区施工面积年均分别增长 7.8%、13.1%、10.9%、12.1%，竣工面积年均分别增长 8.8%、11.0%、8.2%、40.5%，主城片区开发建设进度相对较慢；而渝西片区城市开发提速带动房地产建设体量总体扩大，施工面积占比由 2010 年的 25% 提高至 2017 年的 31.1%。

3. 土地购置及价格变化趋势

（1）土地储备较为充足，房企开发建设进度总体较慢

2010—2016 年，重庆房地产开发企业累计购置土地面积 11549.7 万平方米，在全国位居前列，土地储备量远高于北上广及四川、贵州、陕西等周边省市。其中，住宅用地购置面积居全国十大城市首位，并

较其他城市土地规模呈现翻番，土地储备总体相对充足。如表3-4、表3-5所示。但是，从购置土地的开发进度来看，自2014年以来主城区出让土地中未动工土地面积2105公顷，占比达到53.9%，待开发土地体量依然较大。

表3-4 重庆与周边省份房企土地购置面积情况

单位：万平方米

年份	2011	2012	2013	2014	2015	2016
重庆	1664.6	2183.1	1896.7	1864.6	1626.8	959.0
湖北	1582.3	1303.2	1894.7	1245.0	729.9	648.6
湖南	1292.5	1106.3	1327.6	1112.0	861.0	811.4
四川	1054.7	892.2	1142.8	1535.4	1062.0	1304.7
贵州	882.8	707.5	1209.5	936.4	601.2	317.1
云南	1623.3	1602.4	1974.0	1218.2	826.9	518.8
陕西	528.5	473.0	503.5	487.5	447.6	357.3

数据来源：《中国统计年鉴》。

表3-5 全国十大城市住宅用地成交占地面积对比情况

单位：万平方米

年份	重庆	北京	上海	广州	深圳	天津	南京	杭州	武汉	成都
2010	927.82	536.96	793.05	176.44	60.54	796.88	354.85	542.88	743.02	355.61
2011	854.10	353.60	926.96	182.41	35.09	631.46	308.79	392.66	530.38	177.35
2012	1330.25	162.16	501.42	331.86	35.77	306.54	360.69	229.02	788.36	238.07
2013	1443.86	505.97	655.08	165.89	8.02	316.22	375.97	374.31	402.70	203.59
2014	1028.96	236.97	530.24	184.01	4.66	234.65	511.58	296.69	324.40	80.65
2015	824.81	364.92	564.84	155.39	13.30	187.62	246.40	259.13	223.29	35.35
2016	623.74	73.83	313.51	136.23	5.16	89.94	342.71	282.22	310.26	73.09

数据来源：Wind。

（2）土地购置面积整体减少，出让价格上涨较快

从各年房地产开发企业土地购置规模来看，自2013年起，受房企融资受限等调控政策及后期房地产去库存等因素影响，房企土地购置

面积呈现快速下降趋势。与2012年土地购置面积2183万平方米的高点相比，2013—2016年土地购置面积分别只有2012年的87%、85%、75%、44%，尤其是2016年，土地储备大幅减少，对当期及后期房地产供给、房价稳定均造成一定影响。

从价格走势看，2013—2016年，房地产开发企业土地购置价格大幅上涨90%。2016年购置土地地面均价达到4481元/平方米，较2011年增长80.3%，达到近年高点。如图3-5所示。

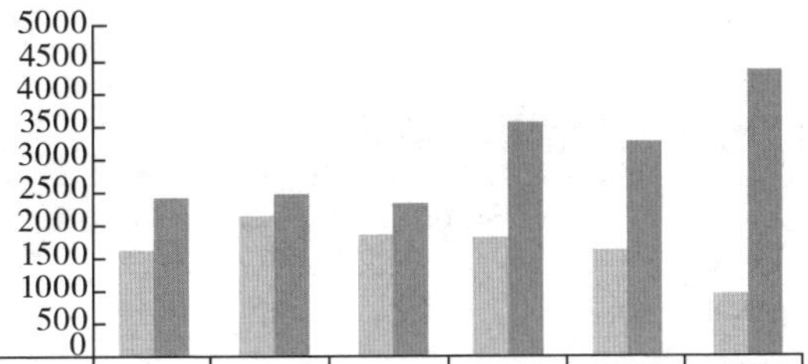

年份	2011	2012	2013	2014	2015	2016
土地购置面积（万平方米）	1664.6	2183.1	1896.7	1864.6	1626.8	959
地面均价（元/平方米）	2485	2523	2366	3647	3314	4481

图3-5　2011—2016年重庆房地产开发企业土地购置情况

数据来源：《中国统计年鉴》。

二、开发行业发展现状

近年来，围绕房地产供给侧结构性改革，房地产开发企业、开发项目加快转型升级，积极推进住宅产业现代化建设，建筑开发模式加快向绿色化、智能化方向发展转变，全市房地产开发行业总体呈现良性健康发展态势。

1. 市场主体加快发展壮大

市场主体稳步发展，企业集中度进一步提升。近年来，随着重庆房地产行业深入清理僵尸及空壳企业，加快企业间兼并重组、资源整合，中小型房企逐步退出市场，大型房企规模化、品牌化、集团化运营程度不断提高，行业整体竞争力和抵御风险能力逐步增强。

截至2017年底，全市房地产开发企业2689家，同比减少4.3%；其中，一级资质51家，二级757家，三级607家，四级42家，暂定1232家，一二级资质占比达30.4%。龙湖、金科、协信、华宇、泽京、融汇等企业知名度持续扩大，跨地域项目开发不断增多，全市房地产开发项目加快向优质资质企业集中，开发投资回归理性。

2. 市场产品供给更趋多元

在房地产供给侧结构性改革深入推进情况下，房地产产品结构调整和转型升级步伐加快，项目配套设施建设更趋完善。文化体育、健康养老、教育医疗等跨界地产加快布局开发，库存商品房与“互联网+”、创新创业等新兴产业实现融合发展。存量房地产项目、未开发土地功能用途加快转型，已合理调整一批房地产项目的户型结构和商住比例。加快推进智慧小区、智慧楼宇建设，生活、教育等房地产项目相关公共设施配套基本匹配，居住品质和环境进一步得到改善。

3. 住宅产业现代化建设提速

近年来重庆大力推广住宅产业现代化建设模式，加快应用装配式建筑、钢结构建筑方式，节能建筑、绿色建筑发展持续处于西部前列。目前全市已确定綦江、永川、涪陵、南川、荣昌5个装配式建筑和钢结构建筑综合试点区，并已启动渝中区化龙桥片区雍江翠湖、来福士广场等10余个建筑产业现代化示范项目。加快推广以绿色建材为主的建筑新材料、新工艺、新技术应用，开发项目品质得到明显提升，BIM技术应用推广力度也逐步加大。

三、市场供需关系分析

从市场供需角度出发，结合重庆房地产市场销售情况及房价波动趋势，分析房地产市场供需对比情况。总体来看，2010 年以来重庆房地产市场交易规模稳步扩大，房价涨幅相对温和，市场供需保持基本平衡。

1. 市场需求变动情况

（1）销售面积总体温和增长，2016 年销售量最为旺盛

2010—2015 年重庆商品房销售面积增长总体较为温和，除 2012 年同比减少 0.2% 之外，其余年份增速均在 8% 以下。进入 2016 年后，在调控政策松绑、货币环境相对宽松、房地产去库存的共同作用下，市场需求快速上升，商品房销售面积、销售额均同比增长 16.3%，呈现量价齐升态势。2017 年，商品房销售面积增速放缓至 7.3%，但销售额持续走高。

从房屋类型看，住宅销售面积在 2010—2015 年长期呈现低位增长态势，到 2016 年、2017 年增速分别扩大至近八年高点（14%）、次高点（6.8%）；商业用房销售面积在 2014—2016 年保持 30% 以上增速，但随着投资收益走低，购置需求减少，2017 年仅同比增长 2%。

从区域看，主城片区商品房销售面积在 2016 年、2017 年激增特征明显，而渝西片区、渝东北片区、渝东南片区销售面积在 2017 年均明显放缓。

（2）住宅价格上涨明显，波动趋势与全国基本一致

从住宅销售均价来看，至 2016 年全市住宅商品房价格总体平稳，年均增长率保持在 5% 以内。2017 年住宅销售均价快速上涨 23.8%，首次突破 6500 元/平方米，但价格仍远低于全国其他主要城市。

从新建住宅销售价格指数来看，重庆房价自2009年起总体历经三轮周期，与全国趋势基本一致，但变动时点略有滞后。2009年、2012年、2015年为三轮周期房价低点，分别增长1.3%、下滑0.8%和5%；2010年、2013年为前两轮周期房价高点，分别增长10.8%、6.7%；2016年房价增长3.6%，第三轮周期仍在进行中（见图3-6、图3-7）。商业营业及办公用房由于供给总体过剩，2014年起销售均价持续下降，到2017年受市场整体回暖带动有所回升。

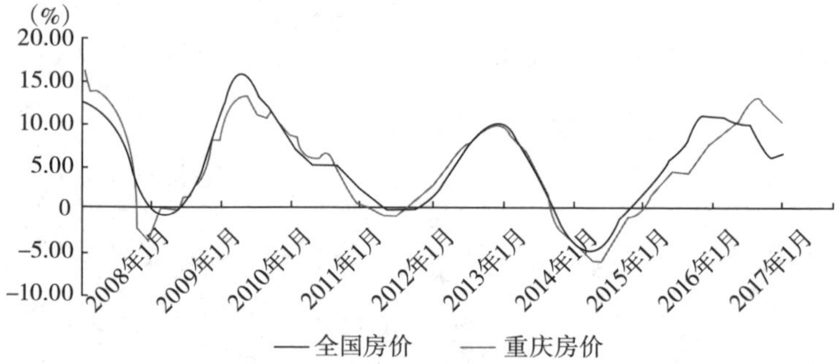

图3-6 2008—2017年全国及重庆新建住宅销售价格月度同比变化趋势

注：全国房价数据来源于我国70个大中城市新建住宅价格。
数据来源：Wind。

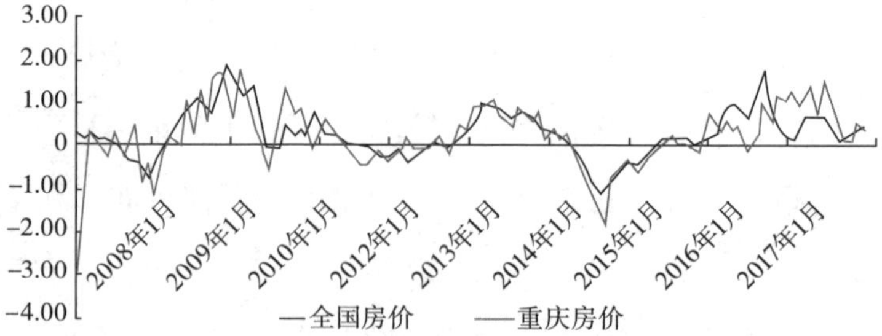

图3-7 2008—2017年全国及重庆新建住宅销售价格月度环比变化趋势

注：全国房价数据来源于我国70个大中城市新建住宅价格。
数据来源：Wind。

分区域看，非主城片区住宅价格在前两轮房地产波动周期中也相应呈现不同程度涨幅，但在2016年启动的第三轮周期中住宅价格涨幅与主城片区有所不同。

2. 供需平衡关系分析

(1) 从房价收入比看，在全国仍属于较低水平

GDP增长对房地产价格起到支撑作用。从重庆GDP与新建住宅销售价格走势对比来看，2010年起二者变动趋势基本一致，房地产业运行与重庆经济发展具有较强适应性。如图3－8所示。

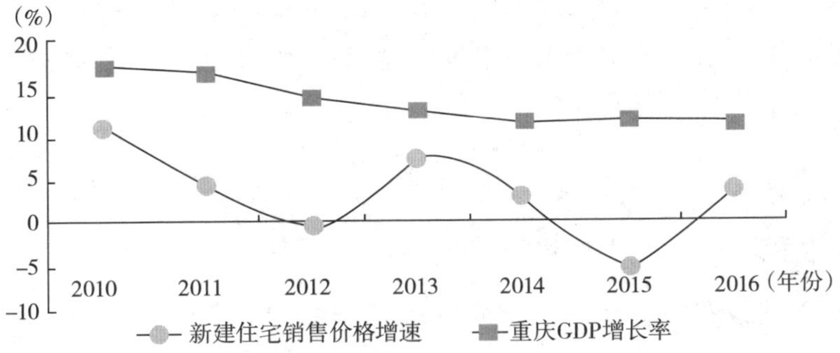

图3－8　2010—2016年重庆GDP增长率、新建住宅销售价格变动情况

数据来源：《重庆统计年鉴》。

从住宅销售价格与居民收入比来看，房价收入比在2013年达到8的较高水平，自此之后持续降低，2016年仅为5.9，在全国仍属于偏低水平（见表3－6）。

表3－6　2011—2016年重庆住宅房价收入比情况

年份	2011	2012	2013	2014	2015	2016
商品住宅销售均价（元/平方米）	4492.3	4804.79	5238.5	5093.68	5012.45	5162.4
城镇居民人均房屋建筑面积（平方米）	31.77	32.17	35.1	35.63	35.16	34

续表

年份	2011	2012	2013	2014	2015	2016
城镇居民人均可支配收入（元）	20250	22968	23058	25147	27239	29610
房价收入比（1:1）	7.05	6.73	7.97	7.22	6.47	5.93

数据来源：《重庆统计年鉴》。

（2）从开发销售比看，商品房供给有所趋缓

重庆商品房总体呈现供应趋缓、需求上升特征。从销售面积与同期竣工面积、新开工面积比看，2010 年起商品房销售竣工面积比持续大于1，市场存量房消化有序推进；商品房销售新开工面积比自 2014 年起逐步上升并在 2016 年达到 1.28 的高点，其中住宅销售新开工面积比提前两年达到 1 以上，销售面积赶超新开工面积，也显示出销售带动下的市场供给不足；从新开工竣工面积比看，比值在 2010 年、2013 年达到 2 以上的高点，其余年份总体走低，市场供给有所趋缓，新开工面积减少导致市场供给略显不足。如表 3－7 所示。

（3）从投资销售比看，近年房企资金沉淀有所缓解

2012 年起房地产投资额总体高于商品房销售额，房企存在资金沉淀情况，但比值持续上升至 2014 年后逐步呈现下降趋势，2017 年比值为 0.87，表明房企资金较为充足。住宅投资销售比仅在 2014 年、2015 年大于 1，房企存在一定资金紧张情况，到 2016 年、2017 年投资销售比下降至 0.88、0.73，住宅销售回暖带动资金回笼增多。如表 3－7、表 3－8 所示。

表 3－7　2010—2017 年商品房供求情况

年份	2010	2011	2012	2013	2014	2015	2016	2017
销售面积：竣工面积	1.64	1.32	1.13	1.27	1.37	1.16	1.42	1.33
销售面积：新开工面积	0.68	0.67	0.78	0.63	0.82	0.93	1.28	1.18
新开工面积：竣工面积	2.40	1.99	1.46	2.01	1.68	1.25	1.10	1.12

续表

年份	2010	2011	2012	2013	2014	2015	2016	2017
房地产投资额：销售额	0.88	0.94	1.09	1.12	1.29	1.27	1.09	0.87

表 3－8　2010—2017 年住宅供求情况

年份	2010	2011	2012	2013	2014	2015	2016	2017
销售面积：竣工面积	1.83	1.44	1.21	1.52	1.60	1.41	1.66	1.64
销售面积：新开工面积	0.76	0.78	0.94	0.81	1.03	1.22	1.70	1.45
新开工面积：竣工面积	2.42	1.84	1.28	1.88	1.54	1.15	0.97	1.13
房地产投资额：销售额	0.68	0.79	0.87	0.90	1.09	1.07	0.88	0.73

第四章

重庆房地产开发建设存在的主要问题分析

一、新技术新产品推广应用不足，行业高质量发展转型压力大

重庆积极推广应用BIM、智慧智能、绿色节能、钢结构等新技术，通过政策引领促进产业创新发展，主动适应绿色低碳、智慧互联行业发展新趋势，不断提高住宅的工程质量、功能质量、科技含量。但同时，新材料、新技术、新工艺、新产品、新模式应用水平还不高，规模化、品牌化、集团化大型企业偏少，企业开发建设方式仍显粗放。

一是政策力度还不强。与其他省市相比，重庆房地产开发推广新材料、新工艺的政策支持力度仍然不够，对规模化推广钢结构建筑、装配式建筑的配套政策仍不完善，在建筑预制装配率差异性引导方面也缺乏强制性指引。

二是产品创新试点不足。建筑新工艺、新材料产业化程度较低，精装房占比小，产业化住宅试点总量较小（300万平方米），约为2017年住宅施工面积的1.8%，精装房仅占住房市场的5%左右，智慧小区建设试点刚刚起步，与沿海一二线城市的市场份额相去甚远。

三是开发主体转型升级滞后，企业小散杂现象仍较严重，70%以上都是注册资本在5000万元以下的中小企业，一二级资质占比仅

30.4%，不利于促进新工艺、新材料的市场化推广应用。

四是企业发展方式仍显粗放，仍固守“拿地—建设—销售”的初级开发模式，对内涵式、集约化、复合型以及建管一体化发展探索不足，2016年全市房地产企业商品房销售收入占主营业务收入比重高达91.1%，企业业务过于单一。

二、不平衡不充分矛盾仍较突出，开发建设协同水平亟待改进

全市房地产开发建设与区域发展、产业布局、人口集聚、交通网络的有机联动性不断增强，产城融合发展水平不断提升，产品开发与民众居住需求改善升级匹配度持续改善。但同时，由于开发理念创新不够、规划引领不足，开发建设中不平衡不充分的矛盾仍较突出。

一是商住、区域、职住不平衡。尽管商业办公楼投资已经放缓，但去化周期依然较长，个别区域商业库存按照拿地口径计算，中期潜在去化周期长达15年。主城区商品住宅库存去化周期普遍降到2个月以下，部分热点区域甚至出现无新房可售的情况，但渝西片区、渝东南片区商品住宅库存仍然较多。同时，职住不平衡现象持续显现，就业密集度高的中心城区住宅类供地严重短缺，轨道站点周边区域中小房型占比不高，居民通行距离普遍较远。

二是跨界功能地产开发不充分。普遍存在中高端供给能力不强、特色功能开发彰显不够的短板，尤其是高端康养地产、特色旅游地产等跨界功能地产的开发比例较低，后期一体化经营管理能力也尚显不足。

三是地上地下协同利用不充分。结合江山交横、高低错落、道路迂回的地理格局，地上地下一体规划、一体打造、一体经营的理念不强，导致景观与功能的立体性开发不充分，特别是与浦东新区、天津滨海新区等相比，地下空间资源闲置较多，个性化空间打造不够。

四是改善置换功能满足不充分。在城市功能和城市品质不断提升的进程中，尤其是随着改善性需求加快释放，以大平层、中小高层为代表的改善升级型产品供给不足，“住得好”的产品相对较少，尚未形成高、中、低有机协调的产品体系。

三、产品功能提档升级缓慢，现代化大都市生活品质有待提升

随着国家中心城市辐射功能增强，房地产产品结构转型升级步伐逐步加快，城市整体居住品质和生活品位不断提升，高端商务楼宇、高端住宅、新型城市综合体、智能型城市社区建设成效显著。但与成都、西安等国际化水平较高的周边城市相比，重庆国际化、高端化、柔性化的功能内涵仍不丰富，房地产功能提升与加快建设国际化大都市的目标间还存在不小差距。

一是外向型高端产业地产功能升级缓慢。智能化、数字化楼宇开发建设不足，功能设计与总部经济、商务会展、金融科技、国际贸易、口岸物流等产业发展需求对接不精准。适应“互联网+”、数字经济、特色小镇等新技术、新模式、新业态的园区功能升级滞后，开放化、人性化、舒适化、个性化的创业创新载体打造不足，物理空间与产业空间、交往空间、休闲空间融合性较低，对新兴产业的承载力、吸引力较弱。

二是国际化、高端化居住功能开发建设滞后。国际化社区建设的顶层规划引领不足，未能满足日益增多的国际化人才对舒适、怡悦居住环境的迫切需要。高端人才居住功能保障不充分，对以创业创新为代表的中高端人群的住房保障倾斜不足，缺乏优质“人才房”供给，不利于以住房为基础吸引高层次人才集聚。

三是公共服务设施配套功能不充分。房地产开发与周边学校、医院、养老、生活服务等公共设施配建同步性还不够。商业、文体、科教等多种功能兼容的复合型地产开发较少，对改善置换功能满足不充分，尚未形成有利于城市功能和城市品质提升的高、中、低有机融合的产品体系。

四、风貌形塑颜值提升合力不强，智管细管众管体系有待完善

围绕建设山清水秀美丽之地，重庆依托江城山城特有的自然景观和人文风貌，不断推进城市智能化、精细化、人性化管理，但城市建管水平、宜居宜业宜游的城市品牌、“高颜值”城市形象的国际化水平仍有待进一步提升。

一是两江四岸整体风貌规划打造有待加强。围绕“两江四岸”的天际线、山脊线、江岸线整体规划和打造不足，土地储备协调难度较大，沿江人文、自然资源保护和挖掘提升不足，标志性节点、区域打造不足，未有机整合、串点成线。

二是城市风貌打造不精细。城市文化挖掘不深入，在城市总体风貌塑造方面规划不完善、标准不系统，未能形成有效合力。

三是居住品质规划标准较低。商住比、车位配建比、容积率、建

筑密度等指标与国内其他省市相比仍有较大优化空间，居住社区与山体、水体、文脉载体的有机融合水平有待提升。

四是新型城市建设试点不足。针对低碳城市、海绵城市、智能城市建设的政策支持力度不大，有待进一步加快试点示范步伐。

五、全产业链协同监管效能不高，“放管服”等改革推进缓慢

市场供需长期保持动态平衡，土地供给端源头性、市场化调控成效显著，但在部门联动、政策协同、全过程监管、健全监管体系等方面仍需进一步完善。

一是监管调控一体化改革有待深化，全过程监管体制机制不完善。房地产行业“建设—管理—服务”趋于一体化，房地产市场受土地供给、建设开发、物业管理、住房交易等多因素影响，但目前房地产建设和管理职能仍分属不同的机构，供给—需求端调控联动不足，与行业发展新趋势以及“住房不炒”新要求还不适应，尚无覆盖房地产开发经营全流程、全部信息的监管平台，联席会机制、联合执法机制等尚不健全。

二是监管调控政出多门。土地、税收、金融协同配合要求高，社保、个税、户籍、公积金政策联动要求高，增大了地方政府对房地产市场的调控难度；由各区县掌握供地权限，区域性供地不平衡矛盾突出，全市统筹力度有待增强。

三是“放管服”改革有待进一步深化。在优化服务流程、审批时限压缩、降低企业成本、增强事中事后监管等方面，部门横向配合不够，市区两级纵向权责优化也有改进空间。

四是新技术新工具开发运用不及时，对深化运用“大数据”促进行业信息化管理、企业信用化管理、部门数据共享化管理的重视不够、力度不大，房地产行业信用体系和一体化监管体系建设滞后，新行业监管体系改革缓慢。

第五章

下一阶段重庆房地产开发建设面临的环境分析

一、行业发展趋势分析

1. 国内外房地产开发调控的政策走向

房地产业是国民经济的支柱产业，对拉动经济增长、加快城镇化进程、增强城市集聚和服务功能、改善居民生活品质、促进就业等具有重要作用。房地产业无论在国外还是国内都具有举足轻重的地位，各国均在积极探索推进房地产市场平稳有序发展的有效措施。

2017 年以来，全国各地陆续出台房地产相关政策近 180 次。其中，9 月楼市政策发布密集，多达 45 个城市（含央行等部门）发布了有关房地产的政策 52 次，政策密集程度超过了 2016 年 10 月。同时，十九大报告中提出，要坚持“房子是用来住的，不是用来炒的”定位，加快建立多主体供给、多渠道保障、租购并举的住房制度。从中央到地方，对房地产行业的重视程度可见一斑。

此轮房地产调控具有以下特征：

一是政策力度与执行为历史最严。从发布调控政策内容来看，涉及房地产信贷、资金、购买资格、供应等方面。

二是重点关注住房供给端。着力推动建立多主体供给制度，租购并举、租售同权、共有产权、限售等政策渐次落地。

三是调控目标明确。旨在建立房地产市场政策的“长效机制”，未来还将逐渐建立起金融、土地、财税、投资、立法等领域的长效联动机制，对房地产行业的调控将愈加灵活精准，从而建立起层次分明的住房政策体系，逐步促使房地产从投资属性回归居住属性，进而推动房地产供给侧结构性改革的持续深化。

2. 房地产市场供给呈现新变化

房地产市场供给主要由住宅、办公用房、商业楼宇三部分构成，其中住宅市场占比较大，商业楼宇市场次之，办公用房市场占比最小。近年来，伴随居民收入增长和消费升级，我国房地产市场供给也呈现以下多元化特征：

一是住宅供给平稳增长，供给结构发生变化。其中，保障性住房占比有所上升，高档住宅占比有所下降。同时，随着人民生活水平日益提高，人们对改善型住房以及旅游、养老等跨界功能地产的需求也在持续增加。

二是办公楼市场供给有所增加，办公楼开发投资额呈现较快增长。随着经济社会的发展和产业结构的升级，办公楼经济所占的比重将越来越大，一些配套设施齐全、高附加值、多功能的新生代办公楼将拥有较大的市场需求空间。

三是商业楼宇供求矛盾突显。过去几年，在经济快速发展带动下，商业楼宇较为畅销，各地大力开发商场商铺，出现供给过剩现象；同时，城市综合体过多、过密地扎堆，直接导致了商业地产同质化竞争日趋激烈。因此，完善规划选址、业态布局，优化商业业态结构及用地布局是商业地产开发的主要方向。

此外，随着城市发展加快、建设用地日益紧缺，以及人们对地上地下空间综合利用理念的逐步接纳，房地产开发利用逐渐由平面走向立体，地上地下空间统筹开发成为城市土地开发的重要模式。

3. 房地产新材料、新技术、新模式广泛应用

在高质量发展阶段，产业绿色化、智能化、集约化将成为新的发展趋势，过去不计成本、环境、效率代价盲目进行数量扩张的设计建造模式已经行不通，新材料、新技术、新工艺、新产品、新模式的广泛应用成为房地产供给侧结构性改革的迫切要求。

一是附加科技含量提升产品品质。从供给端看，目前国家正深化供给侧结构性改革，房地产领域也将改变以往粗放式的设计建造模式，不断加强与互联网、大数据、智能技术的深度融合，推行商品房项目信息化管理、智能化应用等新型建筑生产方式，注重绿色节能建筑、智慧小区建设，提升住宅功能、工程质量、人居环境、物业管理水平，全方位推进房地产业现代化发展将成为重中之重。

二是装配式建筑模式推动房地产业现代化。各国正大力推行装配式建筑，预制部件部品的通用化和标准化是保证住宅功能与质量的基本条件，也是实现行业产业化的重要标志。发达国家建筑大量采用通用部品，例如，日本、瑞典的新建住宅中，有80%以上为通用部件。

目前，我国正在大力引导发展装配式建筑，2016年9月，国务院办公厅出台《关于大力发展装配式建筑的指导意见》，上海、浙江、四川、贵州等地也陆续出台相应实施意见，并提出装配式建筑推进目标。重庆也于2017年12月出台了《关于大力发展装配式建筑的实施意见》，推广装配式建筑，全面推行房地产项目标准化设计、工厂化生产、装配化施工、一体化装修将成为房地产企业转型发展的主攻方向。

4. **房地产企业运营模式发展趋势**

随着市场的逐渐成熟，房地产开发行业逐步进入多元化、规模化聚集发展阶段，房企间通过兼并重组等模式促进房地产开发集聚高效发展。同时，传统的房地产开发企业主要扮演开发商的角色，但由于市场的需要，也将越来越多地涉及管理和服务领域。尤其是对一些大型房地产企业来说，将不可避免地要完成从开发商到资产管理者的转型，拓展更丰富的功能。

一是兼并重组避免同业竞争。房地产行业已经进入规模化聚集阶段，伴随房地产调控及行业利润空间收窄，民营房企尤其是中小房企面临生存压力，通过兼并重组、强强联合来避免资源的闲置、重叠、浪费，正成为大势所趋，房企规模化、专业化、品牌化程度将进一步提高。

二是房地产企业呈现多元化经营趋势。在传统房地产行业面临拐点的前提下，房企一方面围绕商业、养老和文化旅游地产等不同业态进行布局，开展多元化经营；另一方面则积极拓展其他领域，实现主业的多元化或彻底转型，随着国家租购并举、租售同权等政策渐次落地，房企正加快由原来单一的开发建设逐步向开发、运营、管理等多元复合化的经营模式转变，在开发建设领域也将加强规建管一体化以及全流程监管，助推形成行业健康发展的良好局面。

5. **风险防控重点和方式的变化趋势**

随着房地产调控政策趋紧以及市场竞争加剧，房地产行业从快速成长期逐步迈向成熟期，防控房地产开发阶段风险的重点和方式也正在发生变化。

一是预防和盘活“烂尾楼”。“烂尾楼”产生的原因包括资金链断裂、市场定位不准确等，不仅影响城市的和谐美观，而且也让成千上万名购房者的乔迁梦化为泡影。未来既要从源头遏制“烂尾楼”，对用于支付建筑施工、设备安装等相关建设费用的预售资金实施重点监管，及时叫停存在“烂尾”风险的项目，也要盘活现有“烂尾楼”，转换其定位，引导房企转而开发适合市场需求的物业类型，促进“烂尾楼”的转型开发。

二是土地拍卖进入新模式。近几年，土地拍卖价格屡创新高，“地王”不断涌现，甚至出现了“面粉贵于面包”的情况，也不断刺激着房价上涨。房价涨、土地拍卖贵，然后刺激房价再涨，这种恶性循环不仅助长了房地产投机炒作、泡沫泛滥和金融风险累积，而且阻滞了民生改善。“价高者得”的单一土地出让规则已不能适应市场发展，政府正在积极探索“限房价竞地价”“双向竞价”“综合评标”“竞拍自持面积或保障房面积”等新模式，以推动房地产市场健康可持续发展。

二、市场需求环境分析

1. 国家战略定位提升激发市场新活力

重庆是国家中心城市之一，也是西部大开发的重要战略支点、“一带一路”和长江经济带的联结点，在国家各项发展战略中具有举足轻重的地位。目前，国家正着力推动形成全面开放新格局。随着成渝城市群建设加快，中国（重庆）自由贸易试验区、中新（重庆）战略性互联互通示范项目落地重庆，将使重庆获得更多的国家发展战略“红利”，有利于重庆进一步扩大对外开放，提升开放的高度、广度和深度，重庆内陆开放型经济环境将更加优化，对外来人口的吸引力和吸纳能力将不断增强。

同时，习近平总书记对重庆提出的“两地”“两高”目标，对构建以需求为导向并与国家中心城市、现代化国际大都市、内陆开放高地、山清水秀美丽之地相匹配的房地产建筑容量、结构、功能、风貌、人文布局等提出更高要求。国家对重庆战略定位的不断提升以及重庆对未来发展的更高层次规划，也将催生出更大的房地产市场需求，进而激发房地产开发的新活力。

2. 产业结构提档升级催生多元化需求

2010—2016 年，重庆三次产业结构之比由 9.7∶54.9∶35.4 优化为 7.4∶44.2∶48.4，产业比重逐渐向第二、第三产业倾斜，实现工业与服务业双轮驱动，“6+1”支柱产业集群发展壮大，产业集聚发展态势向好。

随着供给侧结构性改革不断深化，融合互联网、大数据、人工智能的先进制造业加速发展，工业驱动使得重庆依托先进制造业和高科技产业吸纳大量劳动力人口流入，就业人员多向电子信息、装备制造、新能源、生物医药等先进制造业集聚，且呈现年轻化特征。

除住宅需求外，紧凑型开发区、多功能园区、产业主题园区、企业独栋等业态发展空间大，产品需求更趋多元化。服务业驱动使得重庆依托金融、文化创意、物流、软件互联网信息服务等高端产业链吸纳大量人口流入，且具备可持续的人口导入能力，人口质量高，支付力强，房地产市场需求强劲，提高了对产品品质的要求。

3. 人口总量和结构的变化改变未来需求

重庆净流入人口逐年增多。2014—2016 年，全市新增净流入人口数量从 16.1 万增加至 30.1 万，城市吸引力逐渐增强。

近年来，受知识水平及家庭观念变化的影响，家庭规模逐步缩小，2000—2016年，重庆家庭户平均每户人数由3.29人下降至2.69人。但随着“二胎”政策的放开，家庭规模将逐渐扩大。人口老龄化现象突显，截至2016年底，重庆市60岁以上老年人口达656万，占全市总人口的19.44%，高于全国平均水平约3.94%，老年扶养比也在逐年提高。

在人口加速回流、家庭规模扩大以及“二胎”政策等利好因素的作用下，重庆房地产市场刚性需求、改善性需求将进一步释放。另外，随着重庆经济的发展和居民收入的进一步提高，投资需求也有所释放。同时，面对日益渐增的老年人口量，养老地产市场的潜力也越来越大。

4. 居民消费升级为市场带来新增长点

2016年，我国人均GDP超过5000美元，已进入中等偏高收入国家行列。随着中国特色社会主义进入新时代，人民对实现美好生活的需要日益增长。同时，随着经济社会发展，重庆城乡居民收入不断提高，居民消费由原有的简单数量增长向量质同步提升过渡，消费结构也逐步向更高层次转化。

消费升级推动购买力水平大幅度提高，购房和买车等十万元级以上消费由高收入阶层逐渐扩展至中等收入家庭，消费结构也由衣、食消费向住、行消费转移，消费新增长点不断涌现。消费结构的变化体现了以人为本和生活质量的日益改善，人们对配套设施齐备的社区、高端商务楼宇、高端休闲住宅等的有效需求稳步上升。同时，消费升级也带动对城市综合体以及产业地产、文旅地产、体育地产、健康地产等复合型地产的市场需求的快速增加，将助力在开放发展中实现近者悦、远者来。

5. 协调发展对房建市场提出新要求

随着国家中心城市建设的深入推进，重庆各区域正通过差异化协调联动发展，增强重庆对周边省市的辐射带动能力。各区域必将释放各自特有潜能，以此激发房地产市场的生机与活力，尤其是主城片区和渝西片区高品质房地产将得到新的拓展，渝东北片区和渝东南片区的文化旅游地产、避暑休闲地产等特殊地产需求也将得到进一步发展。

同时，随着重庆经济的快速发展，城市老化现象严重，城市发展与经济发展不同步，通过“旧城改造”将缓解城市的住宅、用地、环境、交通等问题，现代化国际大都市的建设目标也将对“旧城改造”提出更高要求。

此外，围绕习近平总书记对重庆提出加快建设山清水秀美丽之地的殷切希望，未来城市建设也将更加注重和强调城市风貌与自然生态、人文积淀的有机融合。房地产建筑是城市风貌的重要呈现载体，促进建筑美与生态美互融协调共生，将是下一阶段城市规划的重要着力点和引导方向。

第六章

科学调控重庆房地产开发建设的思路

一、房地产开发建设思路和原则

全面贯彻党的十九大和中央城镇化工作会议、中央城市工作会议精神，深入学习贯彻习近平总书记系列重要讲话和视察重庆的重要讲话精神，牢固树立和贯彻落实五大发展理念，对接国家战略要求。按照十九大精神以及习近平总书记对重庆提出的“两点”定位、“两地”“两高”目标和“四个扎实”要求，以深化房地产供给侧结构性改革为主线，以破解人民日益增长的美好住房需要和房地产开发不平衡不充分发展之间的矛盾为突破口，以满足多元化、精细化需求为导向，以城市开发、城市更新为重点，着力优化存量资源配置、加大优质产品供给、完善住房供给制度、转变住房发展方式，稳定增长、优化布局、调整结构、控制成本、提升品质、防范风险，推动房地产开发建设产品和房地产开发企业加快转型升级，推动建筑现代化、绿色化、智能化、品牌化，推动企业做大做强，使房地产开发建设与经济社会发展需求相适应、与城市人文和生态环境有机融合，助推重庆建设独具特色的国家中心城市和现代化大城市。

1. 集约高效、合理布局

围绕国家中心城市、中国（重庆）自由贸易试验区建设，完善国际化建筑特色、文化和功能。优化区域存量资源配置，合理布局年度增量地产和存量地产开发数量，统筹地上地下空间开发，优化远郊车库、主城商业地产等布局。增加新兴产业、新兴业态和重点人群、重点区域的用地供应规模，保持合理、稳定的住房用地供应规模。

2. **需求导向、优化结构**

适应人口结构、产业结构、存量房结构变化趋势，以满足多元化，品质化需求为导向，优化房地产开发的产品结构、功能结构。扩大创新地产、“互联网+”地产、工业地产、特殊地产等优质增量供给，针对首次置业需求、投资性需求逐步下降的情况，重点加大高品质生活地产、养老地产、旅游地产等多功能的改善性住房供给规模。

3. **品质优先、加快转型**

从规划设计、建筑材料、施工工艺、成本控制、品牌建设等方面着力提升房地产开发品质，推动实现规模化粗放式发展向集约低碳环保式发展转变。推动建筑现代化、绿色化、智能化、品牌化建设，提高产品性价比，推动房地产企业兼并重组，从单一开发向复合开发发展、从追求销售到持有物业和销售相结合发展、从粗放式管理向精细化管理发展。

4. **政策联动、精准调控**

加快建立多主体供给、多渠道保障、租购并举的住房制度。加强规划、审批、施工、监管等部门的协作，建立高效联动的宏观调控决策机制和管理机制。灵活运用土地、财税、金融、信用等政策工具，坚持对不同区域板块进行分类调控、因城施策。加强交通、市政、教育、医疗、养老、文体等配套设施布局的联动，适应中心城市郊区化和郊区城市化发展趋势需要。

二、房地产政策优化思路和原则

全面贯彻党的十九大和中央城镇化工作会议、中央城市工作会议精神，深入学习贯彻习近平总书记系列重要讲话和视察重庆的重要讲话精神，牢固树立和贯彻落实五大发展理念，对接国家战略要求。按照十九大精神以及习近平总书记对重庆提出的“两点”定位、“两地”“两高”目标和“四个扎实”要求，以深化房地产供给侧结构性改革为主线，以破解人民日益增长的美好住房需要和房地产开发不平衡不充分发展之间的矛盾为突破口，以提升房地产开发建设的安全、质量、性能、健康、节能水平为政策导向，建立健全差异化的以土地、金融、财税、监管等为主体的政策体系，助推“互联网＋”地产、康养地产、旅游地产等新模式创新，加快绿色节能、数字智慧、装配式建筑、成品化生产等新业态发展，形成集标准化设计、工厂化生产、装配化施工、一体化装修、信息化管理、智能化应用等全产业链于一体的产业体系，通过新增长动力的培育和存量房地产更新优化改造，促进重庆房地产开发建设平稳健康可持续发展。

1. 坚持继承创新和比较借鉴相结合

强化政策实施的连续性，梳理评估原有政策的科学性、合理性和时效性，在集成继承原有有效政策的基础上，比较借鉴全国同类型地区促进房地产开发建设平稳健康发展的先进成功经验，并结合中央的最新精神和要求，深化住房制度改革和政策创新，加快形成完善的房地产开发建设政策体系和长效机制。

2. 坚持专题调控和综合联动相结合

围绕绿色节能、数字智慧、装配式建筑、成品化生产等新兴业态，出台专项支持政策或实施意见，鼓励其做大做强。同时，整合国土、规划、建委、财政、金融、信用等部门资源，强化房地产开发建设政策与财税、国土、金融、信用、知识产权、社会保障、社会治理等政策的协同，提高政策的指导性和可操作性。

3. 坚持培育增量和优化存量相结合

坚持目标导向和问题导向两手抓，一方面支持新产业、新业态、新模式发展，促进新材料、新工艺应用，推动房地产开发建设，形成新的经济增长动力；另一方面针对短板、瓶颈加快出台改革举措与政策措施，通过一系列补短板、破瓶颈、除顽疾政策的实施，推动城市更新、旧城改造和功能提升，优化房地产开发建设存量资源。

4. 坚持以企业为主体和环境改善相结合

突出企业的主体作用，通过各类政策的实施，引导企业科技、管理、品牌、组织和商业模式创新，促进房地产开发建设安全、质量、性能、健康、节能水平全面提升。同时，更好发挥政府作用，加快转变政府职能，提高服务效率，加强信息化基础设施建设，健全评价监管机制，创新政策支持方式，营造有利于房地产开发建设可持续发展的营商环境。

第七章

科学调控重庆房地产开发建设的重点任务

一、有效推进产品供给调控，满足市场多元化功能需求

以满足多元化、精细化需求为导向，通过差异化的土地政策、税费政策和审批政策，引导房地产开发供给结构更加合理、空间布局更加优化、配套设施更加完善，适应人口结构、产业结构、存量房结构变化趋势，满足市场多元化功能需求，与重庆人文和生态环境有机融合。

1. 加快推动商品房产品升级和功能转型

（1）商品住房方面

重点加大不同类型、不同价位商品房供应，满足不同区域、不同层次居民的多元化住房需求。结合新型工业化和城镇化建设发展需要，适度控制各区县建成区的普通商品住宅建设体量，加大产业发展迅速区县的中小户型公寓配套需求，大力推进与现代宜居城市相协调的低碳、生态、舒适商品房建设。支持房地产开发主体适应市场需求变化，扩大精装房、成品房供给，提供适合租购并举的商品房类型。

（2）商业商务用房方面

按照控增量、消存量思路，优化调整建设规划。严格控制新增供应规模，采取支持项目转型利用、鼓励企业自持经营等措施积极消化存量，继续推进商业商务去库存。支持房地产企业调整规划，将非住

宅商品房等库存商品房改造为电商用房、都市型工业用房和企业总部办公基地、众创空间等，促进房地产市场供需平衡。

（3）写字楼方面

适应国家中心城市建设和内陆开放步伐，加快推进产品创新和精品打造。引导存量项目进行产品升级，通过优化产品设计、提高绿化率、降低容积率、增加配套服务等方式，打造高品质写字楼，为总部经济集聚提供有效供给。

（4）安置房及保障性住房方面

集中解决空置闲置问题。结合区域产业布局，合理利用安置房和保障性住房空置面积，配套入驻企业职工住宿和人才引进。

（5）持续优化房地产开发项目区域分布

主城片区重点打造高品质住宅区、高端商务地产、城市商贸地产、高端商务旅游复合地产、科技创意及工业地产；渝西片区重点发展普通商品住宅、商务商贸地产、避暑休闲地产、现代工业地产；渝东北片区重点发展普通商品住宅、避暑休闲地产、文化旅游地产；渝东南片区重点发展普通商品住宅、避暑休闲地产、特色旅游地产。

2. 稳步推进旅游地产、养老地产等跨界地产和功能性地产开发建设

（1）合理引导旅游地产发展

结合万盛黑山片区、綦江古剑山片区、江津四面山片区、南川金佛山片区、长寿区长寿湖片区、涪陵区武陵山乡片区等区域避暑休闲资源开发，引导房地产开发企业有序推进旅游地产建设。注重旅游地产与周边旅游服务的协调互促，避免盲目扎堆开发和配套服务滞后等问题。依托长江三峡国际黄金旅游带和武陵山区丰富的旅游资源，打造一批设施完备、服务一流、主题突出、功能齐全的文化旅游地产项目。

（2）有效推动养老地产发展

加快出台全市养老地产发展指导意见，通过全局性布局规划，引导房地产开发企业切实推进养老地产发展，适应区域养老产业发展需求，配套相关科技设备和老龄人口居家养老产品，避免出现养老服务配套不完备等情况。

（3）积极鼓励新型跨界地产和功能性地产开发建设

出台支持房地产新型产品研发的鼓励政策，支持企业适应市场需求，开发新型产品。支持企业将商业、写字楼用地转型用于养老、旅游、文化、教育、体育产业和“互联网+”等跨界地产的开发建设，不断扩大功能性地产的市场有效供给。以两江新区、西永微电园等重点开发区和其他市级特色工业园区为重点，开发适合集团企业科技研发中心、创意创新工作室、创新孵化器等入驻的新型科技创新型地产。

3. 加大配套设施建设投入

（1）加快公共服务设施配套建设

重点针对新建商品住宅项目配套设施不完善等问题，加快推进项目周边市政道路、电力、给排水、公交车站等基础设施建设，完善教育、医疗、商业等公共服务设施配套。继续加强对配套设施项目建设情况的摸排和追踪工作，对已经确定建设单位的，要积极筹集资金，加快启动和推进；对建设进度滞后的，要按照“补短板”要求，制定专门工作方案。

（2）全面提升城市居住公共配套水平

完善人口集中居住区的教育和医疗设施，确保居民就近享受优质医疗、教育服务，积极推动城市“10分钟社区生活服务圈”和“20分钟街道公共服务圈”建设。根据海绵城市建设要求，积极引导、推进海绵型建筑与小区、海绵型道路与广场、海绵型公园与绿地、绿色蓄排与净化利用设施等建设，注重公共服务配套建设的系统性和功能性。

（3）引导促进房地产与城市文化融合发展

遵循产城融合发展思路，对于增量项目建设和存量项目改造，力争做到高起点规划、高品质建设、高水平管理，适度开发、有序开发、集约开发，努力完善相关配套服务设施，注重城市文脉保护，推进城市建设集约化、城市发展个性化、城市管理人性化，使居民生活环境更加方便舒适。

二、引导转换方式提升品质，促进产业现代化升级发展

响应房地产开发建设的现代化、绿色化、智能化发展诉求，通过专项引导和政策支持，引导房地产开发企业加快推进装配式建筑等开发建设方式转变，引导推进规划设计、建筑材料、施工工艺等方面的智能绿色发展，着力促进企业强化成本控制和品质提升，助推重庆国家中心城市建设。

1. 大力推进建筑生产方式转变

（1）根据装配式建筑发展目标，加大技术支持和土地保障

在年度供地计划中落实装配式建筑的建筑面积比例。实施强制附带条件出让土地，对出让地块增加装配式建筑比例、预制装配率、成品住房比例等建设指标要求，并写入土地出让合同。根据建筑产业化发展需求，安排专项生产用地指标，保障建筑工业化基地（园区）建

设用地，确保生产供应。设立“建筑产业化发展”专项资金或专项基金，提供建筑产业化标准制定、技术创新、公共服务平台建设、示范基地建设以及实施相关经济扶持措施所需的资金支持。

（2）积极推广先进实用的建筑技术和产品

提升房地产开发项目科技含量，加快推进涪陵、綦江、永川、南川、荣昌等区建筑产业现代化试点，探索推广商品房项目标准化设计、工厂化生产、装配化施工、一体化装修、信息化管理、智能化应用等新型建筑生产方式。力争建成 2 个以上住宅产业现代化示范基地，全市政府投资新建公共、公益性建筑应用钢结构比重达 50%，全市新开工住宅建筑预制装配率达 20% 以上。

（3）加快建筑产业评审和标准的制定步伐

加快组建建筑产业现代化专家委员会，推动建立设计、部品、施工等专家小组，开展建筑标准编制、项目评审、技术论证、产品性能和建筑性能认定等方面技术、服务指导。加快制定装配式建筑设计、部品部件生产、装配式施工、装饰装修、质量检验、工程验收和评价认定等地方标准、图集，促进关键技术和成套技术转化为地方标准规范。

2. 注重绿色节能建筑和智慧小区建设

（1）从源头调整结构，明确用地、用能和环境保护要求

土地出让前，应明确建筑节能、绿色生态、智能化以及装修等要求，并提出相关标准，更加注重节地、节能、节水、节材和环境保护。通过开发建设的标准化设计、工厂化生产、装配化施工、一体化装修和信息化管理，推动建筑的节能减排，力争到 2020 年城镇新建建筑执行绿色建筑标准比例达到 100%，城镇新建住宅建筑节能强制性标准

执行率继续保持100%，努力创造绿色生态的人居环境。

（2）注重资源节约利用和发展低碳建筑

以保障性住房和大型住宅小区为重点，大力推进住宅设计标准化、住宅部品通用化、住宅施工装配化、土建装修一体化、技术应用集成化，重点推动新型结构体系、绿色低碳、互联网、物联网等技术应用，不断提高住宅质量和品质。大力推广绿色建材使用，开展装配式建筑部品部件的绿色建材评价和推广，提高新型绿色建材的应用比例。积极推广绿色装修材料使用，减少环境污染。

（3）推进住宅智能化建设，打造智慧型房地产

推进智慧小区建设，启动一批智慧小区示范工程。结合大数据、云计算、物联网等技术发展，建立集远程医疗、智慧家政、智慧教育、智慧文化休闲于一体的服务平台，打造智慧型居住社区。引导成品住宅消费理念，积极培育成品住宅市场，逐步提高成品住宅供应比例。

三、继续强化市场主体引导，提升行业全流程管理效能

针对房地产开发建设存在的市场主体发展成效差异性大、管理运营监管服务衔接协调不完善等问题，继续强化市场主体行业准入和退出机制建设，持续提高房地产开发全流程监管服务能力，健全资金、风险、信用监管等服务体系，促进房地产市场平稳健康发展，推动房地产开发运营模式从单一开发向复合开发升级发展。

1. 强化市场主体的行业准入、资质和退出机制建设

（1）严格市场准入

对新申办房地产开发资质，特别是三级及以下资质的，严格审核把关，根据统一标准，对企业实力、自有资金情况、开发经验等进行

审查，从源头上杜绝不具备房地产开发能力、无开发经验、自有资金不足的企业盲目进入房地产业。

（2）加强现有企业资质动态管理

积极开展行业专项排查，按照市场化原则依法依规清理“僵尸企业”和“空壳公司”。严格执行新申请资质企业人员配置标准。新申请开发资质的企业，需严格按照《房地产开发企业资质管理规定》（建设部令第77号）和《重庆市城市房地产开发经营管理条例》规定，配备相应管理人员，提供社会保险缴纳凭证。

（3）建立企业退出机制

二、三、四级正式资质检验时，其项目已开发完成一年以上且无后续项目的，不再核发资质；对人员不达标、业绩达不到标准且有在建项目的，按资质标准重新核定。对现有资质企业进行日常监督检查，对达不到原资质条件的企业重新核定资质或不再核发资质。对造成不良社会影响、具有违法违规行为或严重失信的企业，依法对其资质予以限制；情节严重的，依法吊销其资质证书。

（4）支持市场主体兼并重组

针对重庆市中小房企数量多、实力弱的实际情况，支持和鼓励企业通过强强联合、整体收购、项目转让、股权收购等方式进行资产和债务重组，提高房地产行业资源配置效率，不断增强产业集中度，鼓励和扶持企业做大做强。

（5）鼓励房地产企业探索复合发展模式

支持各类房地产企业延伸产业链，引导房地产企业与文化教育、医疗健康、商贸旅游等产业有机结合，探索复合发展的新模式。鼓励大型房地产企业由城市开发商向城市服务商、运营商转变，积极参与新型城镇化建设。引导和鼓励房地产开发企业不断扩展经营范围，加快从单一城市开发商向租售并举模式的城市运营商、城市管理者转变。

2. 持续完善和细化房地产开发建设的全流程监管体系

继续强化项目全过程监管，在项目立项、前期准备、项目建设、项目销售及售后服务阶段，针对存在的执行难点和监管覆盖空白点，全面优化监管流程设计。

（1）立项和前期准备阶段

强化购地资格和资金审查以及用地供后监管，加大闲置土地处置力度；强化开发企业履约责任，交地后按时开工建设；注重开发建设方案备案制度、配套设施建设承诺告知及公示制度和新建商品住宅交付使用告知及公示制度等各项管理制度关联审查。

（2）开发建设阶段

强化工程管理与监控，包括开工报告、竣工报告、分部分项工程技术人员名单、图纸会审及交底记录、设计变更通知、技术变更核定单、工程质量事故调查处理资料、测量放线资料、材料构件设备合格证明、试验检验报告、隐蔽工程验收记录、施工日志、竣工图、质量检验评定资料、竣工验收资料等。加强对土地供应、规划审批和施工许可后的跟踪服务和监督，保证配套建设的公共服务设施和基础设施同步规划、同步建设、同步交付使用。

（3）销售及售后阶段

加强对配套设施建设承诺销售现场公示情况和住宅交付使用条件证明材料交房现场公示情况的巡查，继续贯彻落实配套设施建设承诺公示制度、新建商品住宅交付使用公示制度和“两书”制度等相关管理制度。加快建立销售行为长效监管机制，加大预售环节监管力度。

继续落实《重庆国土房管局关于主城区商品房交易行为监督检查“双随机一公开”实施方案》，推进商品房销售现场标准化管理，把网签查询等服务延伸到现场，为社会监督特别是购房者监督提供依据。进一步加大商品房销售合同、广告规范管理，加大开发商、销售代理商虚假宣传惩罚力度。建立责任追溯机制，即购地主体在合同中承诺的开发条件没兑现的，在项目整改过程中应承担相应责任。

（4）持续细化《重庆市城市房地产开发管理条例》监管内容

明确房地产开发项目建设方案备案、房地产开发项目配套设施建设承诺及公示、新建商品住宅交付使用公示等制度的小区绿化品质细则，避免接房时业主对绿化品质不满发生纠纷。扩大项目手册监管范围，在已有开发量、进度、主体等内容基础上，适度增加企业动态监管内容。

（5）完善企业违规处理体系

针对不严格遵守项目报批、施工手续办理、项目资本金监管、执行项目手册制度等房地产建设管理相关程序的企业，加大惩罚力度，如延迟预售许可、提高违约金百分比等。对延期交房、房屋质量及小区配套与约定不符、房屋面积差异等问题，监督开发商按照合同要求对购房者给予相应补偿。继续贯彻落实《重庆市推广随机抽查规范事中事后监管实施方案》，细化抽查任务清单，逐步扩大随机抽查事项和市场主体监管覆盖面，形成市场抽查监管常态化。

（6）强化联合执法监管力度

强化市级和区县联合执法力度，明确区县执法权限。强化部门之间联合执法力度，建立规划、国土房管、建设、交通、市政、教育、卫生、财政、税务、工商、金融等主管部门的定期联席会机制和联合执法机制，如在房地产开发项目交房前，设立部门闭合式审查制度。

3. 持续完善房地产开发主体的资金监管体系

（1）持续强化房地产用地竞买资金来源审查

竞买人在参加招拍挂交易时，除公共资源交易平台要求竞买人提供竞买（投标）保证金不属于银行贷款、股东借款、转贷和募集资金的承诺书及商业金融机构的资信证明外，还应加快建立竞买人购地资金审查制度，实施购地资金来源负面清单管理。

（2）有效执行有关管理办法

继续加大《重庆市房地产开发项目资本金管理办法》宣传执行力度，明确项目资本金监管账户开户和项目资本金存入、使用要求，防止开发企业资金实力不足、盲目开工建设等行为。

（3）进一步完善商品房预售资金监管制度

优化预售资金监管方式，积极与国土房管、工商部门和金融业监管机构协作，建立开发企业预售资金使用网上报备系统，强化销售资金流向管控，按照“统一账户、网上申报、分类管控”的要求，将预售资金全部纳入监管账户，专款专用，确保预售资金用于商品住房项目建设，保障买受人的购房权益。进一步完善房地产企业保证金监管机制，严禁将质量保证金、农民工资保证金挪作他用。

4. 健全完善房地产开发主体和项目建设运营的风险动态监测

（1）加强行业风险监测和监管

针对房地产金融风险问题，制定中小房地产开发企业贷款风险专项监测制度，重点加大三、四级及暂定资质企业的隐形债务风险监管。联合金融机构，对房地产开发项目因贷款无法偿还而停工、涉及司法诉讼查封项目造成停工的连锁反应等，制定专项应急处置方案。

（2）开展项目建设和运营状况的动态监测和定期风险评价

强化开发经营信息监管平台对企业购置土地、项目建设、商品房销售等行为，以及融资情况、资金流向、企业负债等的动态监管、定期评价和风险识别能力，及时发现企业是否存在盲目扩张、资金挪用抽逃、纠纷诉讼、销售不力、拖欠工程款、逾期交房等问题，将房地产潜在风险化解在源头。

（3）持续强化房地产相关社会稳定风险动态监测

针对项目“烂尾”、延期交房、拖欠工程款和农民工工资，以及配套设施滞后、房屋建筑质量瑕疵、承诺无法兑现等违约现象，制定风险动态监测和应急处理预案，最大程度避免集体上访和暴力冲突事件。

（4）建立和完善预警机制

建立和完善土地供应预警机制、商品房库存预警机制、开发企业风险预警机制、商品房价格预警机制等，定期或不定期发布监测预警报告。进一步完善监管主体责任，强化监管措施和处置能力，有效化解市场风险。

5. 持续优化房地产开发企业的信用体系与管理决策体系建设

深入开展行业信用体系建设工作，大力营造诚实守信的开发环境。建立和完善企业数据库、项目数据库、诚信行为记录数据库和从业人员数据库，形成能全面反映房地产市场运行状况的信息系统。充分发挥信用管理作用，建立健全房地产开发企业、房地产中介服务企业、房地产物业管理企业，以及这三类企业的主要执业经理人的动态信用管理机制，强化对企业的事中事后监管，不断规范企业经营行为。

利用信用综合测评结果对企业实行分类管理，推动建立跨地区、跨部门、跨领域的守信联合激励和惩戒机制。对信用状况评价高的开发企业，在企业资质核定、升级以及检验等资质审批以及项目资本金和预售资金监管方面予以支持。建立失信企业黑名单制度，定期发布预警提示，加大部门联动执法和监管力度，将评价结果作为房地产开发企业土地购置、信贷资金支持的重要前置条件，对失信企业实施联合惩戒。

四、着力健全长效协调机制，强化产业链统筹调控联动

1. 增强土地基础性调控功能

土地出让调控是房地产市场调控的重要基础和有效支撑，不同的土地出让规模、结构、时序、价格、出让对象、出让条件、准入条件等，将对房地产调控产生直接而深刻的影响。

（1）加大市级统筹协调力度，保持土地供应动态平衡

进一步规范市级土地储备公司、区县政府及各类、各级土地出让主体行为，建立和完善土地出让市场秩序，切实增强建设用地对房地产市场的调控功能，从源头上保障房地产市场供需平衡，包括总量平衡、区域平衡、结构平衡。根据商品住宅当期去化周期及已供未开发建设用地去化周期参数，严格按照国家两部委发布的《关于加强近期住房及用地供应管理和调控有关工作的通知》（建房〔2017〕80 号）规定的“显著增加、增加、持平、适当减少、减少直至暂停”五类建设用地调控方式，确定未来年份各区县住宅建设用地供地指标，并按年滚动实施调控。

（2）明确调控责任主体，强化土地供应考核

重庆市国土房屋主管部门和建设主管部门是全市住宅建设用地供

应调控责任主体，区县政府是各区县行政辖区土地供应调控主体，要健全土地供应考核指标体系，强化市区（县）两级考核和问责制度的有效落实。尽快编制全市及各区县住宅用地供应三年滚动计划和五年规划并向社会公布，引进第三方评估咨询机构，按年度向市区（县）两级政府提供土地供应评估咨询报告并向社会公布，接受社会监督，切实加强市场预期管理。

（3）不断优化土地竞拍方式，逐步提高土地竞拍门槛

结合各区县实际，尤其是房价上涨压力较大的主城片区，充分借鉴北京、上海等地区“限地价，竞房价”“限房价，竞地价”“限房价，限地价，竞配套”等土地出让方式，探索“竞现房销售”“竞自持面积”等出让方式，抑制土地价格及商品房价格过快增长。同时，从土地竞拍这一端口强化参与主体管理，通过设置合理的标准和条件，提升竞拍企业参与门槛，逐步优化房地产开发市场竞争环境。

（4）完善政策体系，优化商业商务用地供应

市级层面加快制定商改住政策通道和远郊车库改建指导方案，在商务商业供地过于集中、车库供给过剩程度较大的区域，建立绿色通道，加快消化商业潜在库存。优化规划体系，在城规、土规方面留足商务商业发展空间，严格控制供地节奏，逐步放开或者降低新开发住宅小区商业配套比例管控。

2. 提升产业链统筹调控功能

房地产市场调控实施流程长、参与部门多、管理复杂性高，必须建立和完善统筹协调的市场管理机制和宏观调控机制。

（1）加快形成全产业链联动调控体系，建立分等级响应机制

房地产市场管理包括前端规划（包括城建规划、土地利用规划）

及土地出让管理、中端开发建设及商品房销售管理、末端物业管理等三大环节，要深入推进部门、职能整合，建立“建管服”一体的房地产管理体制，推动供给端—需求端无缝联动调控，实现全过程监管。细化标准，分等级制定规划、国土房屋、建设、金融、工商、税务等主管部门的房地产调控响应机制，根据市场变化情况实施调整相应等级。

（2）建立信息资源共享机制，定期汇总研判房地产市场情况

由市政府分管领导牵头，建立规范的统计指标体系及收集整理报送程序，按月、按季度定期汇总与房地产开发相关的规划、土地出让、开发建设、房地产企业融投资、信用、企业预售资金使用、房屋销售等相关信息，形成房地产行业大数据，依托综合信息网络平台建立起全市信息共享机制。

（3）强化监管即调控的理念，不断提升市场监管效能

深入贯彻落实《重庆市推广随机抽查规范事中事后监管实施方案》，建立和完善房地产市场“双随机一公开”抽查机制，根据市场需要提高抽查覆盖面。在规划环节、出让环节、建设环节、销售环节制定和完善抽查任务清单，公布抽查、查处、整改结果，接受社会有效监督，将整改不到位、不及时的项目和主体依法依规录入相关信用管理系统。

第八章

新时期重庆房地产开发建设政策优化建议

综上所述，重庆房地产开发建设在土地供应、规划设计、工艺标准、产品创新以及行业监管等领域，都出台了一系列政策并取得了积极成效。但随着房地产市场需求出现一系列变化，当前实施执行的政策也需要进一步优化完善。

一、优化土地供给政策，推动实现差别化多元化土地供应

1. 实行区域差异化土地供应

在年度用地供应计划中，严格落实主城片区、渝西片区、渝东北片区、渝东南片区功能定位，参照片区或者区县人口流入—流出数据，确定下一年度各片区或区县的新增住宅用地供应规模和公共建筑用地供应规模；参照企业数量增量和产值增量，确定下一年度各片区新增产业用地供应规模。严格控制单宗住宅用地出让面积，渝西片区不得超过 20 公顷，渝东北片区和渝东南片区不得超过 7 公顷。

2. 推动集体建设用地入市集约利用

进一步拓展地票制度应用范围，鼓励集体经济组织通过自主开发、联营联建等多种方式，对农村低效用地、闲置用地进行集约化利用和优化改造。稳步推进以农村闲置房屋发展健康养老、乡村旅游等

试点。探索构建城乡统一的建设用地市场试点，制定利用集体建设用地建设租赁住房规则，提高存量土地节约集约利用水平。

3. 完善项目配套土地供应政策

建立出让土地地块的项目配套设施建设动态跟踪机制，对一定时期内未能完成相关配套设施项目建设的房地产开发项目，收回项目审批规划范围内的教育、医疗、社区商业等配套设施建设指标，降低项目承担方企业或者建设主体的社会信用评价等级，禁止项目开发单位或承建单位参与本区域其他土地出让竞标，以及本区域其他新的建设开发项目。

二、明确规划设计导向，着力促进建筑产业实现创新发展

1. 明确共有产权住房规划设计要求和鼓励支持细则

制定共有产权住房规划要求，结合工业园区和城镇拓展实际情况，合理确定共有产权住房项目容积率、建筑密度、建筑高度、绿地率、公用厨房、公用体育健身空间、公用文化设施等综合技术指标，明确采用装配式建筑及进行全装修设计等细则。对单独选址、集中建设的共有产权保障住房建设项目，按照国家规定，支持项目负责单位将行政划拨土地使用权用于贷款抵押，并积极争取住房公积金贷款、金融机构政策性融资支持。

2. 完善功能性房地产鼓励和限制政策

明确限制主城片区的写字楼和公寓式经营性用房的开发建设规模，实时监测各区县经营性用房去化周期，每年度或半年度按照去化

周期实际情况，规划下一年度或半年度区域经营性用房开发建设规模。鼓励存量写字楼按照国际化标准升级改造建设，联合政府信息平台，定期公布全市写字楼和公寓式经营性用房的新建项目地点和规模，定期公布写字楼升级改造信息。鼓励有条件的区域，结合旧城改造和城市更新政策，推动教育、医疗、养老、旅游等功能性房地产开发建设和存量盘活升级。支持品牌开发商在远郊区县开发建设满足休闲、度假、避暑、养生等不同类型人群需求的酒店式公寓、别墅管家服务等复合型业务体系。支持有针对性地设计配套适宜老龄人口居家养老的智慧住宅应用服务等。

三、强化建筑标准政策，促进建筑产业智能化绿色化发展

1. 完善建筑技术及产品规范标准

在补充完善《重庆市建设领域禁止、限制使用落后技术通告》的基础上，出台《重庆市推广、限制和禁止使用建筑材料目录》，定期更新发布推广、限制、禁止使用的建筑材料、设备、技术、工艺目录，推广使用安全耐久、节能环保、便于施工的绿色建材。

建立各部门联动的奖励惩罚机制，对于符合目录指引的企业和施工单位，给予更高等级的社会信用评价；对于采用限制或禁止使用材料、设备、技术、工艺的企业和施工单位，纳入社会信用体系的失信黑名单，并禁止其申请其他任何政府类补贴和奖励。

2. 加大装配式建筑的政策促进力度

制定明确的装配式建筑工作计划及配套方案，要求全市范围内政

府投资的具备施工条件的新建公共建筑全部采用装配式建筑；以招标拍卖方式取得地上建筑规模10万平方米以上的新建项目，不少于建筑规模30%的面积应采用装配式建造；农村住房整村或连片改造建设项目，满足装配式建筑要求的，补充给予不超过工程主体造价10%的资金补助；对非政府项目，企业自愿采用装配式建筑和标准的，给予实施项目不超过3%面积的减免税费奖励支持。

3. 补充完善重庆房地产建设绿色化和智能化发展相关政策

补充优化重庆绿色节能建筑系列管理办法，对建筑物节能信息公示进行强制性要求，要求新建民用建筑按标准和规定安装能耗计量设施。要求建设单位在房屋销售场所、房屋买卖合同、住宅质量保证书、住宅使用说明书中明示所售房屋的建筑节能设计指标、绿色建筑星级、可再生能源利用情况、节能设施的使用与保护要求、智能化应用等基本信息。

制定重庆绿色建筑发展三年行动计划，在主城片区、渝西片区、渝东北片区和渝东南片区各选择两个区域，列为重庆绿色建筑规模化发展试点区域，并给予相应的专项资金支持。制定重庆智能建筑发展三年行动计划，在主城片区、渝西片区、渝东北片区和渝东南片区各选择一个区域，开展智能化住宅或经营性用房建设开发试点。

四、健全产品规划引导，助推产品产业提速实现转型升级

1. 加大成品住宅推进力度

制定出台《重庆市成品住宅年度建设规划》，明确到2020年，主

城片区新建项目成品住宅比例达到100%，渝西片区新城区新建项目成品住宅比例达到80%。实施重庆《成品住宅装修工程技术规程》，明确新建商品房实施全装修比例的规划技术要求，完善成品住宅二次装修的政策规范。

对成品住宅项目，优先给予住房公积金政策性贷款支持，以及政策性保险补贴或优惠奖励。对提供成品住宅且房屋装修五年内无重大质量问题的开发主体，给予下一项目招投标保证金减半及土地出让金缴纳期限延长两年的政策奖励。

2. 完善房地产项目容积率规划标准设定

围绕提升城市品质的目标，应进一步完善《重庆市城市规划管理技术规定》中对住宅用地、住宅兼容商业服务业设施用地等的容积率规划标准的差异化设定。在目前一类、二类住宅用地容积率规划标准的基础上，针对重庆两江四岸生态景观地区以及城区生态公园、文化街区等片区，适度调整降低建设用地容积率，控制区域整体开发建设密度，划定建设用地开发项目高度及与山体、水体之间的后退距离，构建江际线、山际线、天际线，以促进房地产与城市品质、自然生态有机融合、互融互促。

3. 加大产品供给优化的政策促进力度

对以提供租赁住房为主的房地产开发项目或主动开展租售并举的房地产开发项目，给予出让土地面积5%减免计入税费的政策优惠，同时实施政策性优惠贷款优先支持。对经营性用房库存较大的片区，愿意主动开展车库改造、功能性地产改造的项目，在用地性质调整、容积率调整、税费保证金缴纳调整等方面，给予“无成本”“限时办结”等行政服务政策支持。

五、优化行业监管政策，促进行业监管效能扎实有效提升

1. 进一步完善房地产市场准入退出机制

严格规范房地产开发企业资质动态管理，将资质审核与企业信用紧密挂钩。严把开发企业信用核查关，因信用等级差或信用预警被纳入重点监管的开发企业资质不得升级、不得承担新的开发业务，及时将违规及缺乏实力的企业清除出房地产市场。

切实优化重庆现有支持房地产开发企业兼并重组的政策，对 3 年内兼并重组项目建筑面积累计超过 30 万平方米的企业，可以被认定二级开发资质。同时，可将被兼并重组的房地产企业开发项目计入兼并重组后的房地产开发企业业绩，增强房地产开发企业开展兼并重组的积极性。

2. 切实加强房地产开发全过程监管

深入推进部门、职能整合，建立“建管服”一体的房地产管理体制，推动供给端—需求端无缝联动调控，实现全过程监管。按照“宽审批、严监管和强服务”的总体思路，全面推进房地产开发行业以及建筑业“放管服”改革。探索取消房地产开发初步设计审批、部分企业安全许可证等行政审批事项，着力推进“一窗受理、同步审批、限时办结、统一送达”等改革方式，完善材料移交、联合审图、集中会签、联合查验等制度，加强与消防、园林、环保、民防等部门联合，切实提高项目审批效率，压缩用地立项、工程规划、施工许可环节行政审批时限，切实将工程建设项目审批时间压减一半以上。

着力规范工程质量保证金缴纳方式，重点推行以银行保函方式缴纳保证金，保证金金额不得高于工程价款结算总额的3%。推动全部网上在线办理工程项目、建筑材料、企业资质和人员注册审批或备案，全面推行房地产开发电子项目手册制度，进一步强化房地产开发项目的事中事后监管。

3. 积极推进房地产行业信用体系建设

加快完善房地产开发企业及建筑企业信用评价体系，推动规划建设、国土房管、税务、金融机构等部门围绕企业信用、资金来源、资质等级等重点环节形成联动评价机制和联合执法机制。着力搭建全市统一的房地产信息共享大数据平台，推动房地产及建筑行业信用信息平台与全市法人信息库、公共信用信息服务平台等相关信息平台实现信息数据交换和共享，实现房地产市场信用信息协同管理和跨部门联合征信。

第九章

重庆房地产开发建设保障措施

一、建立联席会议制度，形成联动管理机制

房地产开发建设既是复杂的经济建设活动，又是重大的民生保障工作，各级政府必须高度重视。建议在市区（县）两级建立房地产市场联席会议制度，制定联席会议相关议事规则及程序。联席会议制度的主要作用是研究房地产市场出现的新情况、新问题，各相关成员单位沟通信息、统一认识，商议解决问题的政策措施及工作举措，为党委政府提供决策方案，根据各成员单位职责分解工作任务，统筹协调各成员单位的管理行动。

二、建立信用监管制度，营造行业良好生态

以企业信用监管评价为基础，引导房地产开发企业规范化发展。加快全市房地产开发信用体系建设，提高部门、企业之间信息互联互通水平，强化信息共享，积极推动信用体系建设成果服务于行业发展。以房地产行业信用体系建设为切入点，加强与规划、国土房管、工商、税务、法院、银行等部门以及建设部门内部的协调和配合，全面建立信用信息共享机制，促进建设领域信用信息整合和共享。充分运用行业信用考核成果，加大守信激励和失信联合惩戒力度。

三、建立风险测评机制，强化行业风险管理

房地产行业涉及社会风险、经济风险、金融风险等多个风险领域，是需要重点监控的“灰犀牛”。要加强房地产企业风险管理，完善全市房地产企业风险评价指标体系，建立风险评价模型。对房地产企业的项目开发和销售、融资能力、资金流动、资产负债等运营状况进行动态监测和定期风险评价，并根据风险评价结果对企业实施分级分类管理，及时将风险度高的企业纳入重点监管对象。加强企业风险识别，关注早期预警信号，及时发现企业是否存在资产查封、销售停滞、工程款拖欠、逾期交房等苗头性问题，积极预防和化解潜在风险，确保房地产市场平稳健康发展。

四、加大信息化基础设施建设

切实加强房地产开发信息平台建设，推动政府部门数据库及应用系统升级，积极搭建大数据信息化平台，加强数据统计监测运用，为准确把握房地产市场运行情况提供保障，加强部门间数据共享，提升房地产开发监管协同性。积极推动物联网基础设施建设，提升房地产开发项目物联网技术应用水平，促进房地产开发项目智能化发展。

参考文献

[1]崔光灿. 房地产市场长效调控与住房问题[M]. 北京:中国建筑工业出版社,2015.

[2]冯长春,王思竹. 中国城市住房市场发展的长效机制研究[J]. 改革与战略,2017(11).

[3]高波. 中国房地产周期波动与宏观调控[M]. 北京:商务印书馆,2012.

[4]黄燕芬,张超. "十二五"规划以来我国房地产调控的政策分析——兼论未来房地产调控应妥善处理的四大关系[J]. 价格理论与实践,2017(4).

[5]建设部住宅与房地产业司,中国房地产业协会. 房地产宏观调控政策及有关法规汇编[M]. 北京:中国城市出版社,2006.

[6]李胤恺. 浅析国内外绿色建筑的政策与法规[J]. 建筑节能,2017(11).

[7]戚林. 装配式钢结构绿色节能建筑应用分析[N]. 中国建设报,2017-10-13.

[8]田均森,张綦斌,赵丽坤. 中国绿色建筑政策发展路径研究[J]. 中国市场,2017(32).

[9]王建武. 大国安居——我国土地与房地产市场调控政策[M]. 哈尔滨:东北林业大学出版社,2017.

[10]杨玲,等. 重庆市房地产业结构调整与可持续发展研究[M]. 重庆:西南交通大学出版社,2018.

[11]杨娉,王琰,管晓明. 楼市二十年:成就、问题与反思(上)[J]. 金融市场研究,2017(1).

[12]叶凌,程志军. 我国绿色建筑标准发展现状及展望[Z]. 中国建筑科学研究院,2016(12).

[13]中国房地产业协会. 2017 中国房地产年鉴[M]. 北京:企业管理出版社,2017.

[14]中国科学院大学房地产研究组,等. 中国房地产市场的区域差异及差别化调控研究[M]. 北京:科学出版社,2016.

[15]住房和城乡建设部科技与产业化发展中心(住房和城乡建设部住宅产业化促进中心). 中国装配式建筑发展报告(2017)[M]. 北京:中国建筑工业出版社,2017.

[16]住房和城乡建设部住宅产业化促进中心. 大力推广装配式建筑必读——制度·政策·国内外发展[M]. 北京:中国建筑工业出版社,2016.

[17]邹瑜,郎四维,徐伟,等. 中国建筑节能标准发展历程及展望[J]. 建筑科学,2016(12).